◆ 希汉对照 ◆
柏拉图全集

克里同

溥林 译

Platon
CRITO
(ΚΡΙΤΩΝ)
本书依据牛津古典文本（Oxford Classical Texts）中
由约翰·伯内特（John Burnet）所编辑和校勘的
《柏拉图全集》(*Platonis Opera*) 第Ⅰ卷译出

前　　言

　　商务印书馆120余年来一直致力于移译世界各国学术名著，除了煌煌的"汉译世界学术名著丛书"之外，更是组织翻译了不少伟大思想家的全集。柏拉图是严格意义上的西方哲学的奠基人，其思想不仅在西方哲学的整个历史中起着继往开来的作用，也远远超出了哲学领域而在文学、教育学、政治学等领域发生着巨大的影响。从19世纪开始，德语世界、英语世界、法语世界等着手系统整理柏拉图的古希腊文原文，并将之译为相应的现代语言，出版了大量的单行本和全集本，至今不衰；鉴于柏拉图著作的经典地位和历史地位，也出版了古希腊文-拉丁文、古希腊文-德文、古希腊文-英文、古希腊文-法文等对照本。

　　商务印书馆既是汉语世界柏拉图著作翻译出版的奠基者，也一直有心系统组织翻译柏拉图的全部作品。近20年来，汉语学界对柏拉图的研究兴趣和热情有增无减，除了商务印书馆之外，国内其他出版社也出版了一系列柏拉图著作的翻译和研究著作；无论是从语文学上，还是从思想理解上，都取得了长足的进步。有鉴于此，我们希望在汲取西方世界和汉语世界既有成就的基础上，从古希腊文完整地翻译出柏拉图的全部著作，并以古希腊文-汉文对照的形式出版。现就与翻译相关的问题做以下说明。

　　1. 本翻译所依据的古希腊文是牛津古典文本（Oxford Classical Texts）中由约翰·伯内特（John Burnet）所编辑和校勘的《柏拉图全集》（*Platonis Opera*）；同时参照法国布德本（Budé）希腊文柏拉图全集（*Platon: Oeuvres complètes*），以及牛津古典文本中1995年出版的第一卷最新校勘本等。

2. 公元前后，亚历山大的忒拉叙洛斯（Θράσυλλος, Thrasyllus）按照古希腊悲剧"四联剧"（τετραλογία, Tetralogia）的演出方式编订柏拉图的全部著作，每卷四部，共九卷，一共 36 部作品（13 封书信整体被视为一部作品）；伯内特编辑的《柏拉图全集》所遵循的就是这种编排方式，但除了 36 部作品之外，外加 7 篇"伪作"。中文翻译严格按照该全集所编订的顺序进行。

3. 希腊文正文前面的 SIGLA 中的内容，乃是编辑校勘者所依据的各种抄本的缩写。希腊文正文下面的校勘文字，原样保留，但不做翻译。译文中〈 〉所标示的，乃是为了意思通顺和完整，由译者加上的补足语。翻译中的注释以古希腊文法和文史方面的知识为主，至于义理方面的，交给读者和研究者本人。

4. 除了"苏格拉底""高尔吉亚"等这些少数约定俗成的译名之外，希腊文专名（人名、地名等）后面的"斯"一般都译出。

译者给自己确定的翻译原则是在坚持"信"的基础上再兼及"达"和"雅"。在翻译时，译者在自己能力所及的范围内，对拉丁文、德文、英文以及中文的重要译本（包括注释、评注等）均认真研读，一一看过，但它们都仅服务于译者对希腊原文的理解。

译者的古希腊文启蒙老师是北京大学哲学系的靳希平教授，谨将此翻译献给他，以示感激和敬意。

鉴于译者学养和能力有限，译文中必定有不少疏漏和错讹，敬请读者不吝批评指正。

溥林
2018 年 10 月 22 日于成都

SIGLA

B = cod. Bodleianus, MS. E. D. Clarke 39 = Bekkeri 𝔄

T = cod. Venetus Append. Class. 4, cod. 1 = Bekkeri t

W = cod. Vindobonensis 54, suppl. phil. Gr. 7 = Stallbaumii Vind. 1

C = cod. Crusianus sive Tubingensis = Stallbaumii 𝔗

D = cod. Venetus 185 = Bekkeri Π

G = cod. Venetus Append. Class. 4, cod. 54 = Bekkeri Λ

V = cod. Vindobonensis 109 = Bekkeri Φ

Arm. = Versio Armeniaca

Ars. = Papyrus Arsinoitica a Flinders Petrie reperta

Berol. = Papyrus Berolinensis 9782 (ed. Diels et Schubart 1905)

Recentiores manus librorum B T W litteris b t w significantur

Codicis W lectiones cum T consentientes commemoravi, lectiones cum B consentientes silentio fere praeterii

目　　录

克里同 ··· 1
注释 ··· 38
术语索引 ·· 58
专名索引 ·· 99
参考文献 ·· 100

克里同[1]

---

[1] 忒拉叙洛斯（Θράσυλλος, Thrasyllus）给该对话加的副标题是"或论应做的事情"（ἢ περὶ πρακτέου）。按照希腊化时期人们对柏拉图对话风格的分类,《克里同》属于 ἠθικός［伦理性的］。

ΚΡΙΤΩΝ

ΣΩΚΡΑΤΗΣ ΚΡΙΤΩΝ

ΣΩ. Τί τηνικάδε ἀφῖξαι, ὦ Κρίτων; ἢ οὐ πρῲ ἔτι ἐστίν;
ΚΡ. Πάνυ μὲν οὖν.
ΣΩ. Πηνίκα μάλιστα;
ΚΡ. Ὄρθρος βαθύς.
ΣΩ. Θαυμάζω ὅπως ἠθέλησέ σοι ὁ τοῦ δεσμωτηρίου φύλαξ ὑπακοῦσαι.
ΚΡ. Συνήθης ἤδη μοί ἐστιν, ὦ Σώκρατες, διὰ τὸ πολλάκις δεῦρο φοιτᾶν, καί τι καὶ εὐεργέτηται ὑπ᾽ ἐμοῦ.
ΣΩ. Ἄρτι δὲ ἥκεις ἢ πάλαι;
ΚΡ. Ἐπιεικῶς πάλαι.
ΣΩ. Εἶτα πῶς οὐκ εὐθὺς ἐπήγειράς με, ἀλλὰ σιγῇ παρακάθησαι;
ΚΡ. Οὐ μὰ τὸν Δία, ὦ Σώκρατες, οὐδ᾽ ἂν αὐτὸς ἤθελον ἐν τοσαύτῃ τε ἀγρυπνίᾳ καὶ λύπῃ εἶναι, ἀλλὰ καὶ σοῦ πάλαι θαυμάζω αἰσθανόμενος ὡς ἡδέως καθεύδεις· καὶ ἐπίτηδές σε οὐκ ἤγειρον ἵνα ὡς ἥδιστα διάγῃς. καὶ πολλάκις μὲν δή σε καὶ πρότερον ἐν παντὶ τῷ βίῳ ηὐδαιμόνισα τοῦ τρόπου, πολὺ δὲ μάλιστα ἐν τῇ νῦν παρεστώσῃ συμφορᾷ, ὡς ῥᾳδίως αὐτὴν καὶ πρᾴως φέρεις.

a 5 ἠθέλησε B : ἤθελε T   b 1 πῶς B : ὡς T   b 4 ἀγρυπνίᾳ τε W   b 8 νυνὶ W

克里同

苏格拉底　克里同

苏格拉底：你为何这个时候就来了[1]，克里同[2]？不是还早吗[3]？　　43a1

克里同：的确还非常早。

苏格拉底：大约[4]什么时候？

克里同：黎明前[5]。

苏格拉底：我很奇怪，监狱的看守怎么愿意给你应门[6]。　　43a5

克里同：苏格拉底啊，由于经常到这儿走来走去[7]，他已经同我熟识了；此外[8]他也被我施了一点点恩惠[9]。

苏格拉底：那你是刚来，还是早就来了？

克里同：老早就来了[10]。　　43a10

苏格拉底：那你为何竟然[11]不立即叫醒我，而是默不作声地[12]坐在　43b1 旁边呢？

克里同：宙斯在上，苏格拉底啊，〈我才〉不会〈叫醒你呢〉；我只但愿我自己不会处在如此的无眠和痛苦中[13]，但当我感觉到你睡得那 43b5 么香甜，我倒是对你惊讶好大一阵子了[14]。并且我有意一直没有叫醒你，以便你能尽可能愉快地度过时光[15]。的确在整个一生中[16]我以前也经常因〈你的〉生活方式[17]而称你是幸福的[18]，但尤其是在如今临头的厄运面前，我更会〈称你是幸福的〉，因为你是如此[19]坦然和心平气和地承受它。

ΣΩ. Καὶ γὰρ ἄν, ὦ Κρίτων, πλημμελὲς εἴη ἀγανακτεῖν τηλικοῦτον ὄντα εἰ δεῖ ἤδη τελευτᾶν.

ΚΡ. Καὶ ἄλλοι, ὦ Σώκρατες, τηλικοῦτοι ἐν τοιαύταις συμφοραῖς ἁλίσκονται, ἀλλ᾽ οὐδὲν αὐτοὺς ἐπιλύεται ἡ ἡλικία τὸ μὴ οὐχὶ ἀγανακτεῖν τῇ παρούσῃ τύχῃ.

ΣΩ. Ἔστι ταῦτα. ἀλλὰ τί δὴ οὕτω πρῲ ἀφῖξαι;

ΚΡ. Ἀγγελίαν, ὦ Σώκρατες, φέρων χαλεπήν, οὐ σοί, ὡς ἐμοὶ φαίνεται, ἀλλ᾽ ἐμοὶ καὶ τοῖς σοῖς ἐπιτηδείοις πᾶσιν καὶ χαλεπὴν καὶ βαρεῖαν, ἣν ἐγώ, ὡς ἐμοὶ δοκῶ, ἐν τοῖς βαρύτατ᾽ ἂν ἐνέγκαιμι.

ΣΩ. Τίνα ταύτην; ἢ τὸ πλοῖον ἀφῖκται ἐκ Δήλου, οὗ δεῖ ἀφικομένου τεθνάναι με;

ΚΡ. Οὔτοι δὴ ἀφῖκται, ἀλλὰ δοκεῖν μέν μοι ἥξει τήμερον ἐξ ὧν ἀπαγγέλλουσιν ἥκοντές τινες ἀπὸ Σουνίου καὶ καταλιπόντες ἐκεῖ αὐτό. δῆλον οὖν ἐκ τούτων [τῶν ἀγγέλων] ὅτι ἥξει τήμερον, καὶ ἀνάγκη δὴ εἰς αὔριον ἔσται, ὦ Σώκρατες, τὸν βίον σε τελευτᾶν.

ΣΩ. Ἀλλ᾽, ὦ Κρίτων, τύχῃ ἀγαθῇ, εἰ ταύτῃ τοῖς θεοῖς φίλον, ταύτῃ ἔστω· οὐ μέντοι οἶμαι ἥξειν αὐτὸ τήμερον.

ΚΡ. Πόθεν τοῦτο τεκμαίρῃ;

ΣΩ. Ἐγώ σοι ἐρῶ. τῇ γάρ που ὑστεραίᾳ δεῖ με ἀποθνῄσκειν ἢ ᾗ ἂν ἔλθῃ τὸ πλοῖον.

ΚΡ. Φασί γέ τοι δὴ οἱ τούτων κύριοι.

ΣΩ. Οὐ τοίνυν τῆς ἐπιούσης ἡμέρας οἶμαι αὐτὸ ἥξειν ἀλλὰ τῆς ἑτέρας. τεκμαίρομαι δὲ ἔκ τινος ἐνυπνίου ὃ ἑώρακα ὀλίγον πρότερον ταύτης τῆς νυκτός· καὶ κινδυνεύεις ἐν καιρῷ τινι οὐκ ἐγεῖραί με.

ΚΡ. Ἦν δὲ δὴ τί τὸ ἐνύπνιον;

ΣΩ. Ἐδόκει τίς μοι γυνὴ προσελθοῦσα καλὴ καὶ εὐειδής, λευκὰ ἱμάτια ἔχουσα, καλέσαι με καὶ εἰπεῖν· "Ὦ Σώκρατες,

---

c 2 αὐτοὺς B : αὐτοῖς T   c 5 post χαλεπὴν add. καὶ βαρεῖαν B
c 7 βαρύτατ᾽ B t : βαρυτάτοις T (ut videtur)   d 2 δοκεῖν...ἥξει
Buttmann : δοκεῖν...ἥξειν B : δοκεῖ...ἥξειν B² T W   d 4 τῶν
ἀγγέλων B T et marg. W : secl. Hirschig : τῶν ἀγγελιῶν W

苏格拉底：克里同啊，〈我已经〉是这把年纪了[20]，如果现在必须得死，却对之感到懊恼，这肯定会是不得体的[21]。 43b10

克里同：苏格拉底，其他这个年纪的人也会陷入这类厄运中[22]，但年龄却丝毫没有让他们免于懊恼临头的命运[23]。 43c1

苏格拉底：的确是这样。但你究竟为何这么早就来了呢？

克里同：苏格拉底啊，为了带来一个难以承受的消息；在我看来， 43c5
不是对你，而是对我以及对你所有的挚友们来说是难以承受的和沉重的，并且我认为，或许是我得最为沉重地加以承受的消息[24]。

苏格拉底：它是什么样的消息？莫非船从德罗斯回来了[25]，当它一 43d1
到[26]我就必须得死了？

克里同：其实还没有到[27]，但我基于一些人所带回的消息认为它今天就会到，他们从苏尼翁[28]来，并且从那儿离开了它[29]。因此，根据这些报信人[30]显然它今天就会到，并且到了明天，苏格拉底啊，你就必然 43d5
会结束生命。

苏格拉底：克里同啊，那太好了[31]！如果这样[32]会让诸神喜欢的话，那就让它这样来吧。但我不认为它今天会到[33]。

克里同：你从哪儿推测出[34]这点的？ 44a1

苏格拉底：我会对你说的。因为在船回来〈那天的〉第二天我无论如何就必须得死[35]。

克里同：那些对这类事情有决定权的人[36]的确就是这么说的。

苏格拉底：因此，我不认为它在正来临的这天会到，而是要下一天 44a5
才到[37]。而我是一小会儿前[38]从这个晚上我所看到的一个梦那儿推测出〈这点的〉；并且你可能适逢其时地[39]没有叫醒我。

克里同：那究竟是个什么样的梦呢？

苏格拉底：一位美丽且端庄的[40]女子好像朝我走来，她身穿白衣， 44a10
叫着我的名字并说道："苏格拉底啊，第三天你就会到达非常肥沃的 44b1

ΚΡΙΤΩΝ

ἤματί κεν τριτάτῳ Φθίην ἐρίβωλον ἵκοιο."

ΚΡ. Ἄτοπον τὸ ἐνύπνιον, ὦ Σώκρατες.

ΣΩ. Ἐναργὲς μὲν οὖν, ὥς γέ μοι δοκεῖ, ὦ Κρίτων.

ΚΡ. Λίαν γε, ὡς ἔοικεν. ἀλλ', ὦ δαιμόνιε Σώκρατες, ἔτι καὶ νῦν ἐμοὶ πιθοῦ καὶ σώθητι· ὡς ἐμοί, ἐὰν σὺ ἀποθάνῃς, οὐ μία συμφορά ἐστιν, ἀλλὰ χωρὶς μὲν τοῦ ἐστερῆσθαι τοιούτου ἐπιτηδείου οἷον ἐγὼ οὐδένα μή ποτε εὑρήσω, ἔτι δὲ καὶ πολλοῖς δόξω, οἳ ἐμὲ καὶ σὲ μὴ σαφῶς ἴσασιν, ὡς οἷός τ' ὢν σε σῴζειν εἰ ἤθελον ἀναλίσκειν χρήματα, ἀμελῆσαι. καίτοι τίς ἂν αἰσχίων εἴη ταύτης δόξα ἢ δοκεῖν χρήματα περὶ πλείονος ποιεῖσθαι ἢ φίλους; οὐ γὰρ πείσονται οἱ πολλοὶ ὡς σὺ αὐτὸς οὐκ ἠθέλησας ἀπιέναι ἐνθένδε ἡμῶν προθυμουμένων.

ΣΩ. Ἀλλὰ τί ἡμῖν, ὦ μακάριε Κρίτων, οὕτω τῆς τῶν πολλῶν δόξης μέλει; οἱ γὰρ ἐπιεικέστατοι, ὧν μᾶλλον ἄξιον φροντίζειν, ἡγήσονται αὐτὰ οὕτω πεπρᾶχθαι ὥσπερ ἂν πραχθῇ.

ΚΡ. Ἀλλ' ὁρᾷς δὴ ὅτι ἀνάγκη, ὦ Σώκρατες, καὶ τῆς τῶν πολλῶν δόξης μέλειν. αὐτὰ δὲ δῆλα τὰ παρόντα νυνὶ ὅτι οἷοί τ' εἰσὶν οἱ πολλοὶ οὐ τὰ σμικρότατα τῶν κακῶν ἐξεργάζεσθαι ἀλλὰ τὰ μέγιστα σχεδόν, ἐάν τις ἐν αὐτοῖς διαβεβλημένος ᾖ.

ΣΩ. Εἰ γὰρ ὤφελον, ὦ Κρίτων, οἷοί τ' εἶναι οἱ πολλοὶ τὰ μέγιστα κακὰ ἐργάζεσθαι, ἵνα οἷοί τ' ἦσαν καὶ ἀγαθὰ τὰ μέγιστα, καὶ καλῶς ἂν εἶχεν. νῦν δὲ οὐδέτερα οἷοί τε· οὔτε γὰρ φρόνιμον οὔτε ἄφρονα δυνατοὶ ποιῆσαι, ποιοῦσι δὲ τοῦτο ὅτι ἂν τύχωσι.

ΚΡ. Ταῦτα μὲν δὴ οὕτως ἐχέτω· τάδε δέ, ὦ Σώκρατες,

---

b 3 ἄτοπον B : ὡς ἄτοπον T Proclus   b 4 γέ μοι B : ἐμοὶ T
b 6 πιθοῦ Burges : πείθου B T   b 7 οὐ μία T : οὐδεμία B   τοῦ Sallier : σοῦ B T   b 9 δὲ secl. Schanz   c 1 ὡς secl. Cobet
d 2 δῆλα] δηλοῖ Cornarius   d 4 σχεδὸν τὰ μέγιστα T   d 7 ἐργάζεσθαι B : ἐξεργάζεσθαι T W   καὶ B T : αὖ καὶ W   τὰ μέγιστα ἀγαθά W : τἀγαθὰ τὰ μέγιστα Cobet

佛提亚[41]。"

克里同：多么奇怪的梦啊[42]，苏格拉底。

苏格拉底：克里同啊，但在我看来是却是清楚明白的[43]。

克里同：看起来的确非常〈清楚〉。但非凡的[44]苏格拉底啊，现在请你还是听我一句劝并救救你自己吧。如果你死了，于我不单单是一件不幸，而且除了我被夺走、我将再也找不到的这样一位挚友之外，我还会[45]在许多并不清楚地了解我和你的人看来，只要我愿意花钱就能够救你，但竟对你漠不关心。而且有什么名声会比下面这种是更可耻的，那就是被认为看重钱财甚于看重朋友？因为大众不会相信你自己不愿意离开这儿，即使我们一心在促成〈这件事〉[46]。

苏格拉底：有福的克里同啊，但我们为何要如此在乎大众的意见呢[47]？因为那些最优秀的[48]、更值得把他们放在心上[49]的人，他们将认为诸事都已经如它们该被做的那样被做了。

克里同：苏格拉底啊，但你的确看到，也得必然在乎大众的意见。而现在正发生的这些事情本身就已经显明，大众不仅能够造成诸恶中那些最小的，而且差不多也能够造成那些最大的，如果某人已经在他们那儿遭到了诽谤的话[50]。

苏格拉底：克里同啊，但愿[51]大众有能力[52]做出各种最大的恶事，由此一来[53]他们也就已经有能力做出各种最大的善事，那样〈一切〉就会太好了[54]！但现在他们没有能力做出这两者。因为他们既不能够造就明智者，也不能够造就不明智者[55]；相反，他们〈即使〉造成这些，〈也只不过是〉他们碰巧〈造成〉的而已[56]。

克里同：那么[57]就让〈他们〉是这个样子吧[58]！但是，苏格拉底，

εἰπέ μοι. ἆρά γε μὴ ἐμοῦ προμηθῇ καὶ τῶν ἄλλων ἐπιτηδείων μή, ἐὰν σὺ ἐνθένδε ἐξέλθῃς, οἱ συκοφάνται ἡμῖν πράγματα παρέχωσιν ὡς σὲ ἐνθένδε ἐκκλέψασιν, καὶ ἀναγκασθῶμεν ἢ καὶ πᾶσαν τὴν οὐσίαν ἀποβαλεῖν ἢ συχνὰ χρήματα, ἢ καὶ ἄλλο τι πρὸς τούτοις παθεῖν; εἰ γάρ τι τοιοῦτον φοβῇ, ἔασον αὐτὸ χαίρειν· ἡμεῖς γάρ που δίκαιοί ἐσμεν σώσαντές σε κινδυνεύειν τοῦτον τὸν κίνδυνον καὶ ἐὰν δέῃ ἔτι τούτου μείζω. ἀλλ' ἐμοὶ πείθου καὶ μὴ ἄλλως ποίει.

ΣΩ. Καὶ ταῦτα προμηθοῦμαι, ὦ Κρίτων, καὶ ἄλλα πολλά.

ΚΡ. Μήτε τοίνυν ταῦτα φοβοῦ—καὶ γὰρ οὐδὲ πολὺ τἀργύριόν ἐστιν ὃ θέλουσι λαβόντες τινὲς σῶσαί σε καὶ ἐξαγαγεῖν ἐνθένδε. ἔπειτα οὐχ ὁρᾷς τούτους τοὺς συκοφάντας ὡς εὐτελεῖς, καὶ οὐδὲν ἂν δέοι ἐπ' αὐτοὺς πολλοῦ ἀργυρίου; σοὶ δὲ ὑπάρχει μὲν τὰ ἐμὰ χρήματα, ὡς ἐγὼ οἶμαι, ἱκανά· ἔπειτα καὶ εἴ τι ἐμοῦ κηδόμενος οὐκ οἴει δεῖν ἀναλίσκειν τἀμά, ξένοι οὗτοι ἐνθάδε ἕτοιμοι ἀναλίσκειν· εἷς δὲ καὶ κεκόμικεν ἐπ' αὐτὸ τοῦτο ἀργύριον ἱκανόν, Σιμμίας ὁ Θηβαῖος, ἕτοιμος δὲ καὶ Κέβης καὶ ἄλλοι πολλοὶ πάνυ. ὥστε, ὅπερ λέγω, μήτε ταῦτα φοβούμενος ἀποκάμῃς σαυτὸν σῶσαι, μήτε, ὃ ἔλεγες ἐν τῷ δικαστηρίῳ, δυσχερές σοι γενέσθω ὅτι οὐκ ἂν ἔχοις ἐξελθὼν ὅτι χρῷο σαυτῷ· πολλαχοῦ μὲν γὰρ καὶ ἄλλοσε ὅποι ἂν ἀφίκῃ ἀγαπήσουσί σε· ἐὰν δὲ βούλῃ εἰς Θετταλίαν ἰέναι, εἰσὶν ἐμοὶ ἐκεῖ ξένοι οἵ σε περὶ πολλοῦ ποιήσονται καὶ ἀσφάλειάν σοι παρέξονται, ὥστε σε μηδένα λυπεῖν τῶν κατὰ Θετταλίαν.

Ἔτι δέ, ὦ Σώκρατες, οὐδὲ δίκαιόν μοι δοκεῖς ἐπιχειρεῖν πρᾶγμα, σαυτὸν προδοῦναι, ἐξὸν σωθῆναι, καὶ τοιαῦτα σπεύδεις περὶ σαυτὸν γενέσθαι ἅπερ ἂν καὶ οἱ ἐχθροί σου σπεύσαιέν τε καὶ ἔσπευσαν σὲ διαφθεῖραι βουλόμενοι. πρὸς δὲ τούτοις

e2 μὴ BT: om. W   e6 τούτοις Tb: τούτους B   a6 μήτε B: μὴ TW   b3 οὗτοι] τοι Schanz   καὶ BT: om. W   b6 μήτε Bt: μὴ T   σῶσαι σαυτόν TW   c1 ἄλλοσε] ἄλλοθι Schanz   c6 σπεύδειν Stephanus

请你告诉我下面这点。莫非你在预先担心我和其他那些挚友们，如果你从这儿离开了，一些告密者[59]会给我们带来各种麻烦，因为我们暗中把你从这儿弄走，并且我们要么被迫失去全部产业，要么失去许多钱财，甚或在这些之外还要遭受其他某种东西？如果你担心这类事情，那么请你不要将之放在心上[60]。因为我们当然理应[61]冒这个险来救你，并且如果有必要的话，还要冒比这更大的险。因此，请听我一句劝吧，并且不要拒绝[62]！

苏格拉底：克里同啊，我确实顾及[63]这些，但还顾及其他许多事情。

克里同：那么就请你不要担心这些；并且事实上一些愿意救你并把你从这儿弄出去的人为之要拿出的银子并不多[64]。此外，难道你没有看到那些告密者是多么的廉价[65]，并且为了〈打发〉他们根本就不会需要许多的银子？而我的钱都归你支配[66]，我认为足够了；再说，如果你因对我有所关心[67]而不认为〈我〉应耗费我的钱，那么这里的这些外邦人也准备好了花钱。并且其中一位就为此[68]已经带来了足够的银子，他是忒拜人西米阿斯；而刻贝斯[69]以及其他很多人也准备好了〈银子〉。因此，正如我说的，既不要因担心这些而放弃救你自己[70]，你在法庭上曾说的话也不应对你成为困扰[71]，那就是：一旦流亡你就会不知道[72]该如何对待你自己[73]。因为事实上在许多其他地方，并且无论你可能会到别的哪儿，人们都会欢迎你。如果你愿意前往忒塔利亚[74]，我在那儿有一些会非常看重你[75]并为你提供安全的异乡朋友，因此在整个忒塔利亚人那儿[76]，无人会使你感到痛苦。

还有，苏格拉底啊，在我看来你尝试做的事情是不正当的，那就是：能够被救却自暴自弃[77]；并且你急于要对你自己发生的这些事情[78]，它们也正是你的敌人们会急于做的事情，并且他们一直都在想

44e5
45a1

45a5

45b1

45b5

45c1

45c5

ΚΡΙΤΩΝ 45c

καὶ τοὺς υἱεῖς τοὺς σαυτοῦ ἔμοιγε δοκεῖς προδιδόναι, οὕς σοι ἐξὸν καὶ ἐκθρέψαι καὶ ἐκπαιδεῦσαι οἰχήσῃ καταλιπών, καὶ d τὸ σὸν μέρος ὅτι ἂν τύχωσι τοῦτο πράξουσιν· τεύξονται δέ, ὡς τὸ εἰκός, τοιούτων οἷάπερ εἴωθεν γίγνεσθαι ἐν ταῖς ὀρφανίαις περὶ τοὺς ὀρφανούς. ἢ γὰρ οὐ χρὴ ποιεῖσθαι παῖδας ἢ συνδιαταλαιπωρεῖν καὶ τρέφοντα καὶ παιδεύοντα, σὺ 5 δέ μοι δοκεῖς τὰ ῥᾳθυμότατα αἱρεῖσθαι. χρὴ δέ, ἅπερ ἂν ἀνὴρ ἀγαθὸς καὶ ἀνδρεῖος ἕλοιτο, ταῦτα αἱρεῖσθαι, φάσκοντά γε δὴ ἀρετῆς διὰ παντὸς τοῦ βίου ἐπιμελεῖσθαι· ὡς ἔγωγε καὶ ὑπὲρ σοῦ καὶ ὑπὲρ ἡμῶν τῶν σῶν ἐπιτηδείων αἰσχύνομαι μὴ e δόξῃ ἅπαν τὸ πρᾶγμα τὸ περὶ σὲ ἀνανδρίᾳ τινὶ τῇ ἡμετέρᾳ πεπρᾶχθαι, καὶ ἡ εἴσοδος τῆς δίκης εἰς τὸ δικαστήριον ὡς εἰσῆλθεν ἐξὸν μὴ εἰσελθεῖν, καὶ αὐτὸς ὁ ἀγὼν τῆς δίκης ὡς ἐγένετο, καὶ τὸ τελευταῖον δὴ τουτί, ὥσπερ κατάγελως 5 τῆς πράξεως, κακίᾳ τινὶ καὶ ἀνανδρίᾳ τῇ ἡμετέρᾳ διαπεφευγέναι ἡμᾶς δοκεῖν, οἵτινές σε οὐχὶ ἐσώσαμεν οὐδὲ σὺ σαυτόν, 46 οἷόν τε ὂν καὶ δυνατὸν εἴ τι καὶ μικρὸν ἡμῶν ὄφελος ἦν. ταῦτα οὖν, ὦ Σώκρατες, ὅρα μὴ ἅμα τῷ κακῷ καὶ αἰσχρὰ ᾖ σοί τε καὶ ἡμῖν. ἀλλὰ βουλεύου—μᾶλλον δὲ οὐδὲ βουλεύεσθαι ἔτι ὥρα ἀλλὰ βεβουλεῦσθαι—μία δὲ βουλή· τῆς 5 γὰρ ἐπιούσης νυκτὸς πάντα ταῦτα δεῖ πεπρᾶχθαι, εἰ δ' ἔτι περιμενοῦμεν, ἀδύνατον καὶ οὐκέτι οἷόν τε. ἀλλὰ παντὶ τρόπῳ, ὦ Σώκρατες, πείθου μοι καὶ μηδαμῶς ἄλλως ποίει.

ΣΩ. Ὦ φίλε Κρίτων, ἡ προθυμία σου πολλοῦ ἀξία εἰ b μετά τινος ὀρθότητος εἴη· εἰ δὲ μή, ὅσῳ μείζων τοσούτῳ χαλεπωτέρα. σκοπεῖσθαι οὖν χρὴ ἡμᾶς εἴτε ταῦτα πρακτέον εἴτε μή· ὡς ἐγὼ οὐ νῦν πρῶτον ἀλλὰ καὶ ἀεὶ τοιοῦτος οἷος τῶν ἐμῶν μηδενὶ ἄλλῳ πείθεσθαι ἢ τῷ λόγῳ ὃς ἄν μοι 5 λογιζομένῳ βέλτιστος φαίνηται. τοὺς δὴ λόγους οὓς ἐν τῷ

d 2 δὲ Β Τ : τε W   d 4 χρὴ Β : χρὴν (sic) Τ   e 4 εἰσῆλθεν Β : εἰσῆλθες Τ b   e 5 δὴ τουτί Τ : δήπου τουτί Β : δὴ ποῦτί W   a 1 οὐχὶ Β : οὐκ Τ   a 4 οὐδὲ om. Τ   a 6 δ' ἔτι Β : δὲ Τ   b 4 οὐ νῦν πρῶτον herma Socratis C I G iii, 843, no. 6115 : οὐ μόνον νῦν Β Τ Eusebius   b 6 δὴ Τ W Eusebius : δὲ Β

PLATO, VOL. I.   5

〈办法〉急于毁灭你。而除了这些之外，我也的确认为你背弃了你自己的儿子们[79]，在你能够抚养和教育他们时却抛下他们一走了之，至于你[80]，就任由他们碰巧遇到啥，就做啥；而他们将——这是有可能的——遇见在各种孤苦无依中对于孤儿们来说惯常所发生的那些事情[81]。因为，一个人要么就不该生孩子，要么就该通过抚养和教育〈他们〉而与他们共患难，而在我看来你却选择了一些最漠不关心的做法。相反，一个人应该选择一个优秀的和勇敢的男人会选择的那些做法，尤其当他声称整个一生都在关心德性时[82]。所以，我的确既为你也为我们这些你的挚友们感到羞耻，免得关于你的整个事情被认为是由于我们的某种怯懦而被做成了的：〈首先〉案子被告到了法庭上，其实是可以不走到它走到的那么远的[83]；〈其次〉案子的控辩[84]本身竟变成了那副模样[85]；甚至最后这一幕，也像一场可笑的结局[86]，似乎是由于我们的卑劣和怯懦让我们错失了机会[87]，因为我们这些人没有救你，你也没有救你自己，事实上这既是可能的也是可行的，如果我们还有丁点用处的话。因此，苏格拉底啊，你看看，这些东西不仅是恶的[88]，而且是可耻的，无论是对于你还是对于我们来说。那么请你还是考虑一下吧[89]——其实不再是考虑的时候，而是应已经考虑过了——，但只有一种决定，那就是：在即将来临的这个晚上所有这些都必须被做，而如果我们还要等下去，那就既不可能也不再可行了。苏格拉底啊，所以无论如何都听我一句劝吧，千万不要拒绝！

苏格拉底：亲爱的克里同啊，你的热心[90]所值甚多[91]，如果它是带有某种正确性的话[92]；但如果没有，那么，它有多大就有多让人为难。因此，我们必须考虑这些事情是应当被做呢，还是不应当被做；因为我不是现在才第一次[93]，而始终都是这样一种人，即在我所具有的东西中，我不会听从任何别的，而只听从通过认真掂量[94]而对

ΠΛΑΤΩΝΟΣ

ἔμπροσθεν ἔλεγον οὐ δύναμαι νῦν ἐκβαλεῖν, ἐπειδή μοι ἥδε ἡ τύχη γέγονεν, ἀλλὰ σχεδόν τι ὅμοιοι φαίνονταί μοι, καὶ τοὺς αὐτοὺς πρεσβεύω καὶ τιμῶ οὕσπερ καὶ πρότερον· ὧν ἐὰν μὴ βελτίω ἔχωμεν λέγειν ἐν τῷ παρόντι, εὖ ἴσθι ὅτι οὐ μή σοι συγχωρήσω, οὐδ' ἂν πλείω τῶν νῦν παρόντων ἡ τῶν πολλῶν δύναμις ὥσπερ παῖδας ἡμᾶς μορμολύττηται, δεσμοὺς καὶ θανάτους ἐπιπέμπουσα καὶ χρημάτων ἀφαιρέσεις. πῶς οὖν ἂν μετριώτατα σκοποίμεθα αὐτά; εἰ πρῶτον μὲν τοῦτον τὸν λόγον ἀναλάβοιμεν, ὃν σὺ λέγεις περὶ τῶν δοξῶν. πότερον καλῶς ἐλέγετο ἑκάστοτε ἢ οὔ, ὅτι ταῖς μὲν δεῖ τῶν δοξῶν προσέχειν τὸν νοῦν, ταῖς δὲ οὔ; ἢ πρὶν μὲν ἐμὲ δεῖν ἀποθνῄσκειν καλῶς ἐλέγετο, νῦν δὲ κατάδηλος ἄρα ἐγένετο ὅτι ἄλλως ἕνεκα λόγου ἐλέγετο, ἦν δὲ παιδιὰ καὶ φλυαρία ὡς ἀληθῶς; ἐπιθυμῶ δ' ἔγωγ' ἐπισκέψασθαι, ὦ Κρίτων, κοινῇ μετὰ σοῦ εἴ τί μοι ἀλλοιότερος φανεῖται, ἐπειδὴ ὧδε ἔχω, ἢ ὁ αὐτός, καὶ ἐάσομεν χαίρειν ἢ πεισόμεθα αὐτῷ. ἐλέγετο δέ πως, ὡς ἐγᾦμαι, ἑκάστοτε ὧδε ὑπὸ τῶν οἰομένων τὶ λέγειν, ὥσπερ νυνδὴ ἐγὼ ἔλεγον, ὅτι τῶν δοξῶν ἃς οἱ ἄνθρωποι δοξάζουσιν δέοι τὰς μὲν περὶ πολλοῦ ποιεῖσθαι, τὰς δὲ μή. τοῦτο πρὸς θεῶν, ὦ Κρίτων, οὐ δοκεῖ καλῶς σοι λέγεσθαι; —σὺ γάρ, ὅσα γε τἀνθρώπεια, ἐκτὸς εἶ τοῦ μέλλειν ἀποθνῄσκειν αὔριον, καὶ οὐκ ἂν σὲ παρακρούοι ἡ παροῦσα συμφορά· σκόπει δή—οὐχ ἱκανῶς δοκεῖ σοι λέγεσθαι ὅτι οὐ πάσας χρὴ τὰς δόξας τῶν ἀνθρώπων τιμᾶν ἀλλὰ τὰς μέν, τὰς δ' οὔ, οὐδὲ πάντων ἀλλὰ τῶν μέν, τῶν δ' οὔ; τί φῇς; ταῦτα οὐχὶ καλῶς λέγεται;

ΚΡ. Καλῶς.

ΣΩ. Οὐκοῦν τὰς μὲν χρηστὰς τιμᾶν, τὰς δὲ πονηρὰς μή;

ΚΡ. Ναί.

c 8 περί] τὸν περὶ Eusebius   d 3 κατάδηλος B γρ. t : καὶ ἄδηλος T
d 6 φαίνεται B²   d 7 ἐάσομεν B t : ἐάσωμεν T   a 1 παρακρούοιθ'
Cobet   a 3 τῶν B T : τὰς τῶν W Eusebius   a 4 οὐδὲ ... δ'
οὔ T W Eusebius : om. B

我显得是最好的那种道理[95]。我以前曾说过的那些实实在在的道理[96]，我不可能只是由于这个命运[97]出现在了我身上现在就将之抛弃，相反，它们对我显得几乎是同样的东西，并且我还像从前一样敬重和尊崇它们。如果在现在这件事上我们不能够说出一番比它们更好的〈道理〉来，那么你得很清楚，我是不会对你让步的；不会！即使就像吓唬[98]孩子们一样，大众的力量比现在所发生的这些还要更加地吓唬我们，〈诸如〉处以[99]囚禁，甚至死刑且没收钱财。那么，我们究竟该如何最合理地[100]考虑这些事呢？假定我们首先来重新拾起[101]你关于各种意见所说的那种道理。是否它每次都说得很好[102]，即有些意见必须加以重视[103]，有些则不必？或者，在我必须死之前它曾说得很好，而现在它却显然变成了随意地[104]为了说话而说话，其实[105]只是玩笑话和胡诌而已？然而，克里同啊，我现在真的渴望与你一道共同[106]检查一下：是否由于我现在处于这种情形，道理就会对我显得有些不同了呢，还是说它是同一的；以及我们是可以与之道别[107]呢，还是我们将听从它。但如我所认为的那样，它无论如何每次都被那些认为自己说出了某种东西[108]的人说成了下面这个样子——就像我刚才所说的那样——，那就是：在人们所以为的各种意见中，一些必须予以高度的重视，一些则不必。克里同啊，诸神在上，难道你不认为这说得很好吗？因为，至少就属人的所有东西而言，你免于了明天[109]就注定要死，而正在来临的厄运也就不会误导你[110]。你真的得考虑一下[111]：难道在你看来不足以说，并非人们的所有意见都必须得尊重，而是有些意见必须尊重，有些则不必；也并非所有人的〈意见都必须得尊重〉，而是有些人的〈意见必须尊重〉，有些人的则不必？你怎么说？这些话难道说得不好吗？

克里同：说得好。

苏格拉底：那么，岂不应尊重那些有益的意见，而那些坏的意见则不必？

克里同：是的。

ΚΡΙΤΩΝ　　　　　　　　　　47a

ΣΩ. Χρησταὶ δὲ οὐχ αἱ τῶν φρονίμων, πονηραὶ δὲ αἱ τῶν ἀφρόνων;
ΚΡ. Πῶς δ' οὔ;
ΣΩ. Φέρε δή, πῶς αὖ τὰ τοιαῦτα ἐλέγετο; γυμναζόμενος ἀνὴρ καὶ τοῦτο πράττων πότερον παντὸς ἀνδρὸς ἐπαίνῳ καὶ b ψόγῳ καὶ δόξῃ τὸν νοῦν προσέχει, ἢ ἑνὸς μόνου ἐκείνου ὃς ἂν τυγχάνῃ ἰατρὸς ἢ παιδοτρίβης ὤν;
ΚΡ. Ἑνὸς μόνου.
ΣΩ. Οὐκοῦν φοβεῖσθαι χρὴ τοὺς ψόγους καὶ ἀσπάζεσθαι τοὺς ἐπαίνους τοὺς τοῦ ἑνὸς ἐκείνου ἀλλὰ μὴ τοὺς τῶν πολλῶν.
ΚΡ. Δῆλα δή.
ΣΩ. Ταύτῃ ἄρα αὐτῷ πρακτέον καὶ γυμναστέον καὶ ἐδεστέον γε καὶ ποτέον, ᾗ ἂν τῷ ἑνὶ δοκῇ, τῷ ἐπιστάτῃ καὶ ἐπαΐοντι, μᾶλλον ἢ ᾗ σύμπασι τοῖς ἄλλοις.
ΚΡ. Ἔστι ταῦτα.
ΣΩ. Εἶεν. ἀπειθήσας δὲ τῷ ἑνὶ καὶ ἀτιμάσας αὐτοῦ τὴν c δόξαν καὶ τοὺς ἐπαίνους, τιμήσας δὲ τοὺς τῶν πολλῶν [λόγους] καὶ μηδὲν ἐπαϊόντων, ἆρα οὐδὲν κακὸν πείσεται;
ΚΡ. Πῶς γὰρ οὔ;
ΣΩ. Τί δ' ἔστι τὸ κακὸν τοῦτο, καὶ ποῖ τείνει, καὶ εἰς τί τῶν τοῦ ἀπειθοῦντος;
ΚΡ. Δῆλον ὅτι εἰς τὸ σῶμα· τοῦτο γὰρ διόλλυσι.
ΣΩ. Καλῶς λέγεις. οὐκοῦν καὶ τἆλλα, ὦ Κρίτων, οὕτως, ἵνα μὴ πάντα διΐωμεν, καὶ δὴ καὶ περὶ τῶν δικαίων καὶ ἀδίκων καὶ αἰσχρῶν καὶ καλῶν καὶ ἀγαθῶν καὶ κακῶν, περὶ ὧν νῦν ἡ βουλὴ ἡμῖν ἐστιν, πότερον τῇ τῶν πολλῶν δόξῃ δεῖ ἡμᾶς ἕπεσθαι καὶ φοβεῖσθαι αὐτὴν ἢ τῇ τοῦ ἑνός, εἴ τίς d ἐστιν ἐπαΐων, ὃν δεῖ καὶ αἰσχύνεσθαι καὶ φοβεῖσθαι μᾶλλον ἢ σύμπαντας τοὺς ἄλλους; ᾧ εἰ μὴ ἀκολουθήσομεν, δια-

b2 προσέχει τὸν νοῦν pr. T　　b11 ᾗ T: εἰ B　　c2 λόγους B: om. T Eusebius　　c5 τὸ B Eusebius: om. T　　c7 διολλύει B (ut videtur) W　　c11 ἡ βουλὴ post ἐστιν transp. T

5*

苏格拉底：但有益的意见岂不就是明智者们的意见，而坏的意见则 47a10
是不明智者们的意见？

克里同：为何不是呢？

苏格拉底：来吧[112]，下面这类事情曾经又是如何说的呢？一个 47b1
进行体育锻炼并从事它的人，他是重视所有人的赞许、责备和意见
呢，还是仅仅重视那个恰好是医生或体育教练的人的〈赞许、责备和
意见〉？

克里同：仅仅那一个人的。

苏格拉底：那么，他必须担心那一个人的责备并接受[113]他的赞许， 47b5
而不必〈担心和接受〉众人的〈责备和赞许〉[114]。

克里同：显然如此。

苏格拉底：因此，就必须做的，如必须锻炼的、必须吃的以及必须 47b10
喝的[115]，他都应如那一个人——他既是监管者，又是精通者——所认为
的那样去行事，远不是如所有其他人〈所认为的那样去行事〉。

克里同：是这样。

苏格拉底：非常好。但如果他不听从那一个人，并且不尊重他的意 47c1
见和赞许，而是尊重众人以及那些非精通者的〈意见和赞许〉[116]，那他
岂不会遭殃？

克里同：怎么不会呢？

苏格拉底：但这种坏处是什么呢，并且它针对[117]何处，以及关系 47c5
到不听从者的各种东西中的什么？

克里同：显然关系到身体；因为它完全毁掉了身体。

苏格拉底：你说得好。克里同啊，那么其他事情岂不也是如此，以
至我们无需讨论它们全部[118]；但尤其就各种公正的东西和不公正的东
西、丑陋的东西和美好的东西、善的东西和恶的东西，关于它们，我们现 47c10
在正在进行决定，我们是应跟随众人的意见并害怕它呢，还是应听从一 47d1
个人的意见——如果某人是内行的话——，我们更应在他面前感到羞耻
并害怕他，而非所有其他人？如果我们不追随他，那么我们就会毁坏和

ΠΛΑΤΩΝΟΣ

φθεροῦμεν ἐκεῖνο καὶ λωβησόμεθα, ὃ τῷ μὲν δικαίῳ βέλτιον ἐγίγνετο τῷ δὲ ἀδίκῳ ἀπώλλυτο. ἢ οὐδέν ἐστι τοῦτο;

ΚΡ. Οἶμαι ἔγωγε, ὦ Σώκρατες.

ΣΩ. Φέρε δή, ἐὰν τὸ ὑπὸ τοῦ ὑγιεινοῦ μὲν βέλτιον γιγνόμενον, ὑπὸ τοῦ νοσώδους δὲ διαφθειρόμενον διολέσωμεν πειθόμενοι μὴ τῇ τῶν ἐπαϊόντων δόξῃ, ἆρα βιωτὸν ἡμῖν ἐστιν διεφθαρμένου αὐτοῦ; ἔστι δέ που τοῦτο σῶμα· ἢ οὐχί;

ΚΡ. Ναί.

ΣΩ. Ἆρ᾽ οὖν βιωτὸν ἡμῖν ἐστιν μετὰ μοχθηροῦ καὶ διεφθαρμένου σώματος;

ΚΡ. Οὐδαμῶς.

ΣΩ. Ἀλλὰ μετ᾽ ἐκείνου ἆρ᾽ ἡμῖν βιωτὸν διεφθαρμένου, ᾧ τὸ ἄδικον μὲν λωβᾶται, τὸ δὲ δίκαιον ὀνίνησιν; ἢ φαυλότερον ἡγούμεθα εἶναι τοῦ σώματος ἐκεῖνο, ὅτι ποτ᾽ ἐστὶ τῶν ἡμετέρων, περὶ ὃ ἥ τε ἀδικία καὶ ἡ δικαιοσύνη ἐστίν;

ΚΡ. Οὐδαμῶς.

ΣΩ. Ἀλλὰ τιμιώτερον;

ΚΡ. Πολύ γε.

ΣΩ. Οὐκ ἄρα, ὦ βέλτιστε, πάνυ ἡμῖν οὕτω φροντιστέον τί ἐροῦσιν οἱ πολλοὶ ἡμᾶς, ἀλλ᾽ ὅτι ὁ ἐπαΐων περὶ τῶν δικαίων καὶ ἀδίκων, ὁ εἷς καὶ αὐτὴ ἡ ἀλήθεια. ὥστε πρῶτον μὲν ταύτῃ οὐκ ὀρθῶς εἰσηγῇ, εἰσηγούμενος τῆς τῶν πολλῶν δόξης δεῖν ἡμᾶς φροντίζειν περὶ τῶν δικαίων καὶ καλῶν καὶ ἀγαθῶν καὶ τῶν ἐναντίων. "Ἀλλὰ μὲν δή," φαίη γ᾽ ἄν τις, "οἷοί τέ εἰσιν ἡμᾶς οἱ πολλοὶ ἀποκτεινύναι."

ΚΡ. Δῆλα δὴ καὶ ταῦτα· φαίη γὰρ ἄν, ὦ Σώκρατες. ἀληθῆ λέγεις.

ΣΩ. Ἀλλ᾽, ὦ θαυμάσιε, οὗτός τε ὁ λόγος ὃν διεληλύθαμεν ἔμοιγε δοκεῖ ἔτι ὅμοιος εἶναι καὶ πρότερον· καὶ τόνδε δὲ

---

e 1 τοῦτο T : τοῦτο τὸ B   e 7 ᾧ B : ᾧ ex ὃ T : ὃ supra versum W : ὃ Eusebius   a 6 τί B : ὅτι T   ἀλλ᾽ ὅτι B T : ἀλλὰ τί Eusebius   5 om. T   a 11 τέ B : τέ γ᾽ T   b 1 φαίη γὰρ ἄν secl. Schanz   b 4 ἔτι ὅμοιος B Priscianus : ἀνόμοιος T   καὶ πρότερον Priscianus : τῷ καὶ πρότερον B w : καὶ πρότερος T : τῷ πρότερον W   δὲ T : om. B

伤害下面这种东西[119]：它曾因公正的东西而变得更好，但因不公正的东西而毁灭。或者不是这样？

克里同：苏格拉底，我确实认为是这样。

苏格拉底：好吧！如果我们因不听从内行们的意见而完全毁掉了因健康而变得更好、因不健康而被败坏的那种东西，那么，当它被败坏后，对我们来说还值得活吗？而这种东西就是身体[120]，难道不是吗？

克里同：是。

苏格拉底：那么，对我们来说，带着一副糟糕的、败坏了的身体，还值得活吗？

克里同：肯定不。

苏格拉底：然而，随着那种东西——对于它，不公正的东西在进行伤害，而公正的东西在进行助益——败坏了，对我们来说还值得活吗？或者，我们会认为毕竟属于我们的、同不义和正义相关的那种东西，是比身体更低劣的吗？

克里同：绝不会。

苏格拉底：但会是更尊贵的吗？

克里同：肯定尊贵得多。

苏格拉底：那么，最好的人啊，因此我们就绝不应考虑众人关于我们将说什么，而是应考虑精通各种公正的东西和不公正的东西的人，即那一个人以及真本身[121]将说什么。因此，首先在这方面你就没有正确地提出建议，当你提出我们应考虑众人关于各种正当的东西、美好的东西、良善的东西及其反面的意见时。不过有人的确会说："但大众确实能够杀死[122]我们。"

克里同：这也的确是显而易见的；苏格拉底啊，因为有人会这么说[123]。

苏格拉底：你说得对。但是，令人钦佩的人啊，我们已经讨论过的那个道理无论如何在我看来都还和以前是一致的；并且请你再次思考下

ΚΡΙΤΩΝ

αὖ σκόπει εἰ ἔτι μένει ἡμῖν ἢ οὔ, ὅτι οὐ τὸ ζῆν περὶ πλείστου ποιητέον ἀλλὰ τὸ εὖ ζῆν.

ΚΡ. Ἀλλὰ μένει.

ΣΩ. Τὸ δὲ εὖ καὶ καλῶς καὶ δικαίως ὅτι ταὐτόν ἐστιν, μένει ἢ οὐ μένει;

ΚΡ. Μένει.

ΣΩ. Οὐκοῦν ἐκ τῶν ὁμολογουμένων τοῦτο σκεπτέον, πότερον δίκαιον ἐμὲ ἐνθένδε πειρᾶσθαι ἐξιέναι μὴ ἀφιέντων Ἀθηναίων ἢ οὐ δίκαιον· καὶ ἐὰν μὲν φαίνηται δίκαιον, πειρώμεθα, εἰ δὲ μή, ἐῶμεν. ἃς δὲ σὺ λέγεις τὰς σκέψεις περί τε ἀναλώσεως χρημάτων καὶ δόξης καὶ παίδων τροφῆς, μὴ ὡς ἀληθῶς ταῦτα, ὦ Κρίτων, σκέμματα ᾖ τῶν ῥᾳδίως ἀποκτεινύντων καὶ ἀναβιωσκομένων γ᾽ ἄν, εἰ οἷοί τ᾽ ἦσαν, οὐδενὶ ξὺν νῷ, τούτων τῶν πολλῶν. ἡμῖν δ᾽, ἐπειδὴ ὁ λόγος οὕτως αἱρεῖ, μὴ οὐδὲν ἄλλο σκεπτέον ᾖ ἢ ὅπερ νυνδὴ ἐλέγομεν, πότερον δίκαια πράξομεν καὶ χρήματα τελοῦντες τούτοις τοῖς ἐμὲ ἐνθένδε ἐξάξουσιν καὶ χάριτας, καὶ αὐτοὶ ἐξάγοντές τε καὶ ἐξαγόμενοι, ἢ τῇ ἀληθείᾳ ἀδικήσομεν πάντα ταῦτα ποιοῦντες· κἂν φαινώμεθα ἄδικα αὐτὰ ἐργαζόμενοι, μὴ οὐ δέῃ ὑπολογίζεσθαι οὔτ᾽ εἰ ἀποθνῄσκειν δεῖ παραμένοντας καὶ ἡσυχίαν ἄγοντας, οὔτε ἄλλο ὁτιοῦν πάσχειν πρὸ τοῦ ἀδικεῖν.

ΚΡ. Καλῶς μέν μοι δοκεῖς λέγειν, ὦ Σώκρατες, ὅρα δὲ τί δρῶμεν.

ΣΩ. Σκοπῶμεν, ὦ ἀγαθέ, κοινῇ, καὶ εἴ πῃ ἔχεις ἀντιλέγειν ἐμοῦ λέγοντος, ἀντίλεγε καί σοι πείσομαι· εἰ δὲ μή, παῦσαι ἤδη, ὦ μακάριε, πολλάκις μοι λέγων τὸν αὐτὸν λόγον, ὡς χρὴ ἐνθένδε ἀκόντων Ἀθηναίων ἐμὲ ἀπιέναι· ὡς ἐγὼ περὶ πολλοῦ ποιοῦμαι πείσας σε ταῦτα πράττειν, ἀλλὰ μὴ ἄκοντος. ὅρα δὲ δὴ τῆς σκέψεως τὴν ἀρχὴν ἐάν σοι ἱκανῶς λέγηται, καὶ πειρῶ ἀποκρίνεσθαι τὸ ἐρωτώμενον ᾗ ἂν μάλιστα οἴῃ.

c 3 χρημάτων ἀναλώσεως T   c 8 τελοῦντες BT marg. W: πράττοντες W   e 4 πείσας Buttmann: πεῖσαί B: πείσαι (sic) T

面这点：是否对我们来说这是成立的，即最为应该做的，不是活着，而是活得美好[124]。

克里同：当然成立。

苏格拉底：而活得美好同活得高贵和活得正当是一回事，这成立还是不成立[125]？

克里同：成立。

苏格拉底：那么，基于现在所达成一致的那些东西就必须考虑下面这点，即未经雅典人的赦免[126]我就试图离开这儿，这是正当的还是不正当的。如果显得是正当的，那我们就试试；否则我们就该放弃[127]。你说的对花钱[128]、名声和抚养孩子的那些考虑，克里同啊，这些其实都无非是下面这些大众所思考的事，只要他们能够，他们就会轻率地置人于死地，也会〈同样轻率地〉让人起死回生，毫无理智可言[129]。但对于我们来说，既然道理如此要求[130]，那就正如刚才我们所说的，唯一应加以考虑的是：当我们向那些要把我从这儿带走的人行贿[131]和感恩戴德时，我们是在做正当的事情吗，无论是就那些援救者本人来说，还是就那些被援助者来说[132]，抑或当在做这一切时，我们其实是在行不义。而且假如我们看起来是在不正当地做它们[133]，那么，就不应考虑是否留下来静候[134]就必须得死，或遭受其他某种东西，〈而是只应考虑是否在〉行不义[135]。

克里同：在我看来你说得好，苏格拉底，但你看看我们该做什么呢？

苏格拉底：好人啊，让我们一起来考察〈它〉，并且当我在说话的时候，如果在哪个地方你有异议[136]，那就请你反驳，并且我会听从你；但如果没有，有福的人啊，那现在就请你停止翻来覆去地对我说这同样的话，即我应该违背雅典人的意愿[137]而从这里离开。因为我把说服你〈同意我〉做这些事情[138]看得很重要[139]，但不能违背你的意愿。那就请你马上看看考察的出发点，〈看〉对你来说它是否被充分地说了[140]，并请你试着如你尽可能[141]会认为的那样来回答被询问的东西。

ΠΛΑΤΩΝΟΣ

ΚΡ. Ἀλλὰ πειράσομαι.

ΣΩ. Οὐδενὶ τρόπῳ φαμὲν ἑκόντας ἀδικητέον εἶναι, ἢ τινὶ μὲν ἀδικητέον τρόπῳ τινὶ δὲ οὔ; ἢ οὐδαμῶς τό γε ἀδικεῖν οὔτε ἀγαθὸν οὔτε καλόν, ὡς πολλάκις ἡμῖν καὶ ἐν τῷ ἔμπροσθεν χρόνῳ ὡμολογήθη; [ὅπερ καὶ ἄρτι ἐλέγετο] ἢ πᾶσαι ἡμῖν ἐκεῖναι αἱ πρόσθεν ὁμολογίαι ἐν ταῖσδε ταῖς ὀλίγαις ἡμέραις ἐκκεχυμέναι εἰσίν, καὶ πάλαι, ὦ Κρίτων, ἄρα τηλικοίδε [γέροντες] ἄνδρες πρὸς ἀλλήλους σπουδῇ διαλεγόμενοι ἐλάθομεν ἡμᾶς αὐτοὺς παίδων οὐδὲν διαφέροντες; ἢ παντὸς μᾶλλον οὕτως ἔχει ὥσπερ τότε ἐλέγετο ἡμῖν· εἴτε φασὶν οἱ πολλοὶ εἴτε μή, καὶ εἴτε δεῖ ἡμᾶς ἔτι τῶνδε χαλεπώτερα πάσχειν εἴτε καὶ πρᾳότερα, ὅμως τό γε ἀδικεῖν τῷ ἀδικοῦντι καὶ κακὸν καὶ αἰσχρὸν τυγχάνει ὂν παντὶ τρόπῳ; φαμὲν ἢ οὔ;

ΚΡ. Φαμέν.

ΣΩ. Οὐδαμῶς ἄρα δεῖ ἀδικεῖν.

ΚΡ. Οὐ δῆτα.

ΣΩ. Οὐδὲ ἀδικούμενον ἄρα ἀνταδικεῖν, ὡς οἱ πολλοὶ οἴονται, ἐπειδή γε οὐδαμῶς δεῖ ἀδικεῖν.

ΚΡ. Οὐ φαίνεται.

ΣΩ. Τί δὲ δή; κακουργεῖν δεῖ, ὦ Κρίτων, ἢ οὔ;

ΚΡ. Οὐ δεῖ δήπου, ὦ Σώκρατες.

ΣΩ. Τί δέ; ἀντικακουργεῖν κακῶς πάσχοντα, ὡς οἱ πολλοί φασιν, δίκαιον ἢ οὐ δίκαιον;

ΚΡ. Οὐδαμῶς.

ΣΩ. Τὸ γάρ που κακῶς ποιεῖν ἀνθρώπους τοῦ ἀδικεῖν οὐδὲν διαφέρει.

ΚΡ. Ἀληθῆ λέγεις.

ΣΩ. Οὔτε ἄρα ἀνταδικεῖν δεῖ οὔτε κακῶς ποιεῖν οὐδένα ἀνθρώπων, οὐδ᾽ ἂν ὁτιοῦν πάσχῃ ὑπ᾽ αὐτῶν. καὶ ὅρα, ὦ Κρίτων, ταῦτα καθομολογῶν, ὅπως μὴ παρὰ δόξαν ὁμολογῇς·

a 6 οὔτε καλὸν οὔτε ἀγαθόν W Eusebius   a 7 ὅπερ ... ἐλέγετο secl. Burges   a 10 γέροντες secl. Jacobs   b 2 ἐλέγετο ἡμῖν B Eusebius : ἡμῖν ἐλέγετο T   d 1 καθομολογῶν B Eusebius Stobaeus : ὁμολογῶν T

克里同：那我试试。

苏格拉底：我们说，在任何方面都不应故意行不义[142]，还是说在有的方面应行不义，在有的方面[143]则不应？还是说行不义绝对既不是良善的，也不是美好的[144]，就像我们在过往的时间里经常赞同的那样？或者[145]我们以前的所有那些同意，在这短短的几天内都已经给泼掉了，并且克里同啊，我们过去都没有注意到，〈我们〉这个年纪的[146]人在彼此用尽心思地[147]讨论时，自己其实同孩童无异[148]？或者必定[149]还是如我们曾说过的那样：不管大众承认还是不承认[150]，也无论我们必须遭受比这些更严酷的事情还是更温和的事情，行不义在所有方面对于行不义者来说实际上都同样是邪恶的和可耻的？我们会，还是不会这样说？

克里同：我们会这样说。

苏格拉底：因此绝对不应行不义。

克里同：当然不。

苏格拉底：那么，就不要像大众所认为的那样，对行不义者反行不义，既然绝对不应当行不义。

克里同：显然不。

苏格拉底：那然后呢？克里同啊，应该干坏事，还是不应该？

克里同：肯定不应该，苏格拉底。

苏格拉底：然后呢？当被邪恶地对待了就要反过来施以邪恶，像众人说的那样，这是正当的，还是不正当的？

克里同：绝对不正当。

苏格拉底：因为只要邪恶地对待人就无异于行不义。

克里同：你说得对。

苏格拉底：因此，既不应该反行不义，也不应该邪恶地对待任何人，无论会受到他们怎样的对待。并且你要注意，克里同啊，当你逐渐同意[151]这些时，无论如何都不要违心地[152]同意；因为我知道，只有某些少数人才认为和将认为是这样。因此，一些人已经这样认为

ΚΡΙΤΩΝ 49 d

οἶδα γὰρ ὅτι ὀλίγοις τισὶ ταῦτα καὶ δοκεῖ καὶ δόξει. οἷς οὖν οὕτω δέδοκται καὶ οἷς μή, τούτοις οὐκ ἔστι κοινὴ βουλή, ἀλλὰ ἀνάγκη τούτους ἀλλήλων καταφρονεῖν ὁρῶντας ἀλλήλων τὰ βουλεύματα. σκόπει δὴ οὖν καὶ σὺ εὖ μάλα πότε- 5
ρον κοινωνεῖς καὶ συνδοκεῖ σοι καὶ ἀρχώμεθα ἐντεῦθεν βουλευόμενοι, ὡς οὐδέποτε ὀρθῶς ἔχοντος οὔτε τοῦ ἀδικεῖν οὔτε τοῦ ἀνταδικεῖν οὔτε κακῶς πάσχοντα ἀμύνεσθαι ἀντιδρῶντα κακῶς, ἢ ἀφίστασαι καὶ οὐ κοινωνεῖς τῆς ἀρχῆς; ἐμοὶ μὲν γὰρ καὶ πάλαι οὕτω καὶ νῦν ἔτι δοκεῖ, σοὶ δὲ εἴ e
πῃ ἄλλῃ δέδοκται, λέγε καὶ δίδασκε. εἰ δ' ἐμμένεις τοῖς πρόσθε, τὸ μετὰ τοῦτο ἄκουε.

ΚΡ. Ἀλλ' ἐμμένω τε καὶ συνδοκεῖ μοι· ἀλλὰ λέγε.

ΣΩ. Λέγω δὴ αὖ τὸ μετὰ τοῦτο, μᾶλλον δ' ἐρωτῶ· 5
πότερον ἃ ἄν τις ὁμολογήσῃ τῳ δίκαια ὄντα ποιητέον ἢ ἐξαπατητέον;

ΚΡ. Ποιητέον.

ΣΩ. Ἐκ τούτων δὴ ἄθρει. ἀπιόντες ἐνθένδε ἡμεῖς μὴ πείσαντες τὴν πόλιν πότερον κακῶς τινας ποιοῦμεν, καὶ 50
ταῦτα οὓς ἥκιστα δεῖ, ἢ οὔ; καὶ ἐμμένομεν οἷς ὡμολογήσαμεν δικαίοις οὖσιν ἢ οὔ;

ΚΡ. Οὐκ ἔχω, ὦ Σώκρατες, ἀποκρίνασθαι πρὸς ὃ ἐρωτᾷς· οὐ γὰρ ἐννοῶ. 5

ΣΩ. Ἀλλ' ὧδε σκόπει. εἰ μέλλουσιν ἡμῖν ἐνθένδε εἴτε ἀποδιδράσκειν, εἴθ' ὅπως δεῖ ὀνομάσαι τοῦτο, ἐλθόντες οἱ νόμοι καὶ τὸ κοινὸν τῆς πόλεως ἐπιστάντες ἔροιτο· "Εἰπέ μοι, ὦ Σώκρατες, τί ἐν νῷ ἔχεις ποιεῖν; ἄλλο τι ἢ τούτῳ τῷ ἔργῳ ᾧ ἐπιχειρεῖς διανοῇ τούς τε νόμους ἡμᾶς ἀπολέσαι b
καὶ σύμπασαν τὴν πόλιν τὸ σὸν μέρος; ἢ δοκεῖ σοι οἷόν τε ἔτι ἐκείνην τὴν πόλιν εἶναι καὶ μὴ ἀνατετράφθαι, ἐν ᾗ ἂν αἱ γενόμεναι δίκαι μηδὲν ἰσχύωσιν ἀλλὰ ὑπὸ ἰδιωτῶν ἄκυροί τε γίγνωνται καὶ διαφθείρωνται;" τί ἐροῦμεν, ὦ Κρίτων, 5

d 4 ἀλλήλων τὰ T : τὰ ἀλλήλων B   d 5 δὴ οὖν B : οὖν δὴ T
d 8 ἀντιδρῶντας T   b 3 ἂν T W : om. B   b 4 ἰσχύωσιν B T W
b 5 γίγνωνται ... διαφθείρωνται T : γίγνονται ... διαφθείρονται B W

了，一些人则没有，对他们来说没有共同的决定；相反，当他们彼此看〈对方〉的那些决定时，必然互相轻视。因此你一定要好好地考虑 49d5
一下，你是〈与我一道〉共同分有〈这些看法〉并且你也都同意，以及我们应该从下面这里来开始进行决定，即无论是行不义还是反行不义，还是当受到了邪恶的对待就通过邪恶地报复来保卫自己，这些从来都不是正确的呢，还是说你持有不同的立场[153]，并且不〈与我一道〉共同分有该出发点？因为就我来说，无论是以前还是现在都是这样认 49e1
为的；但如果你在哪儿有了另外的看法，就请你说出来并教导〈我〉。而如果你仍然遵守前面〈你说过〉的那些，那就请听跟在其后面的东西[154]。

克里同：我确实仍然遵守〈我说过的〉，并且也同意你；那就请说吧！

苏格拉底：我的确会再次讲跟在其后面的东西，但我〈现在〉更要 49e5
问：一个人同意某人的那些事情——如果它们是正当的——，他是应该做呢，还是应该欺骗？

克里同：应该做！

苏格拉底：那由此就请〈继续往下〉考虑。如果我们在没有说服城邦的情况下就从这里离开，那么，我们是邪恶地对待了一些人，并且是 50a1
那些最不应该〈邪恶地对待的〉人呢，还是没有？并且我们是在遵守我们同意是正确的那些事情呢，还是没有？

克里同：苏格拉底，对于你所问的我不能够回答[155]；因为我不 50a5
明白。

苏格拉底：那请你这样来考虑。如果我们打算从这里逃走，或者无论应把这种行为称作什么，那么法律和城邦共同体就会走过来并站在面前，问道："请告诉我，苏格拉底，你想要[156]干什么？你是不是[157]打算 50b1
通过你在尝试的这件事而从你那方面[158]既毁灭我们法律，也毁灭整个城邦？难道在你看来，那个城邦——于其中已经产生的各种判决没有丝毫力量，而因某些普通人[159]变得无效[160]和被毁掉了——，居然还是可能的和没有被推翻吗？"克里同啊，对此以及其他诸如此类的，我们 50b5

ΠΛΑΤΩΝΟΣ

50 b

πρὸς ταῦτα καὶ ἄλλα τοιαῦτα; πολλὰ γὰρ ἄν τις ἔχοι, ἄλλως τε καὶ ῥήτωρ, εἰπεῖν ὑπὲρ τούτου τοῦ νόμου ἀπολλυμένου ὃς τὰς δίκας τὰς δικασθείσας προστάττει κυρίας εἶναι. ἢ ἐροῦμεν πρὸς αὐτοὺς ὅτι " Ἠδίκει γὰρ ἡμᾶς ἡ πόλις καὶ οὐκ ὀρθῶς τὴν δίκην ἔκρινεν; " ταῦτα ἢ τί ἐροῦμεν;

ΚΡ. Ταῦτα νὴ Δία, ὦ Σώκρατες.

ΣΩ. Τί οὖν ἂν εἴπωσιν οἱ νόμοι· "Ὦ Σώκρατες, ἦ καὶ ταῦτα ὡμολόγητο ἡμῖν τε καὶ σοί, ἢ ἐμμενεῖν ταῖς δίκαις αἷς ἂν ἡ πόλις δικάζῃ;" εἰ οὖν αὐτῶν θαυμάζοιμεν λεγόντων, ἴσως ἂν εἴποιεν ὅτι "Ὦ Σώκρατες, μὴ θαύμαζε τὰ λεγόμενα ἀλλ' ἀποκρίνου, ἐπειδὴ καὶ εἴωθας χρῆσθαι τῷ ἐρωτᾶν τε καὶ ἀποκρίνεσθαι. φέρε γάρ, τί ἐγκαλῶν ἡμῖν καὶ τῇ πόλει ἐπιχειρεῖς ἡμᾶς ἀπολλύναι; οὐ πρῶτον μέν σε ἐγεννήσαμεν ἡμεῖς, καὶ δι' ἡμῶν ἔλαβε τὴν μητέρα σου ὁ πατὴρ καὶ ἐφύτευσέν σε; φράσον οὖν, τούτοις ἡμῶν, τοῖς νόμοις τοῖς περὶ τοὺς γάμους, μέμφῃ τι ὡς οὐ καλῶς ἔχουσιν;" "Οὐ μέμφομαι," φαίην ἄν. "Ἀλλὰ τοῖς περὶ τὴν τοῦ γενομένου τροφήν τε καὶ παιδείαν ἐν ᾗ καὶ σὺ ἐπαιδεύθης; ἢ οὐ καλῶς προσέταττον ἡμῶν οἱ ἐπὶ τούτῳ τεταγμένοι νόμοι, παραγγέλλοντες τῷ πατρὶ τῷ σῷ σε ἐν μουσικῇ καὶ γυμναστικῇ παιδεύειν;" "Καλῶς," φαίην ἄν. "Εἶεν. ἐπειδὴ δὲ ἐγένου τε καὶ ἐξετράφης καὶ ἐπαιδεύθης, ἔχοις ἂν εἰπεῖν πρῶτον μὲν ὡς οὐχὶ ἡμέτερος ἦσθα καὶ ἔκγονος καὶ δοῦλος, αὐτός τε καὶ οἱ σοὶ πρόγονοι; καὶ εἰ τοῦθ' οὕτως ἔχει, ἆρ' ἐξ ἴσου οἴει εἶναι σοὶ τὸ δίκαιον καὶ ἡμῖν, καὶ ἅττ' ἂν ἡμεῖς σε ἐπιχειρῶμεν ποιεῖν, καὶ σοὶ ταῦτα ἀντιποιεῖν οἴει δίκαιον εἶναι; ἢ πρὸς μὲν ἄρα σοι τὸν πατέρα οὐκ ἐξ ἴσου ἦν τὸ δίκαιον καὶ πρὸς δεσπότην, εἴ σοι ὢν ἐτύγχανεν, ὥστε ἅπερ πάσχοις ταῦτα καὶ ἀντιποιεῖν, οὔτε κακῶς ἀκού-

---

b 8 δίκας τὰς TWb : om. B   c 1 ἠδίκει] ἀδικεῖ Heindorf
c 5 ἐμμενεῖν Stephanus : ἐμμένειν B : ἐμμενειν T   d 2 ἔλαβε TW : ἐλάμβανεν B   d 4 τοῖς νόμοις secl. Stallbaum   d 7 ἐπὶ τούτῳ T ex ἐπὶ τοῦτο : ἐπὶ τούτοις B   d 8 νόμοι secl. Stallbaum   e 1 καὶ B : καὶ εν T   e 8 δεσπότην W : τὸν δεσπότην BT (sed τὸν punctis notatum in T)

将怎么说呢？因为有人，尤其是 [161] 一位演说家 [162]，为了这条被毁灭的法律——它规定已经被宣判的判决是有效的——有许多话要说。难道我们将对它们说"因为城邦已经对我们行了不义，并且它们没有正确地审判案子"？我们将这样说，还是怎么说？

克里同：宙斯在上，就这样说，苏格拉底！

苏格拉底：那么，如果法律这样说那又当如何："苏格拉底啊，这 [163] 也曾在我们和你之间达成过同意吗，还是说应遵守城邦所判定的各项判决？"因此，当它们〈这样〉说时如果我们感到惊讶，那它们也许就会说："苏格拉底啊，对所说的这些你不要感到惊讶，而是要回答，既然你已经习惯于使用问和答。那么来吧！通过控告我们和城邦什么，你尝试毁灭我们？难道不是我们首先生育了你，即通过我们，你的父亲才娶了〈你〉母亲并生下了你？因此请你解释一下 [164]，我们中的这些，即关于婚姻的各种法律，你责怪它们什么 [165]，〈说〉它们是不好的？""我没有责怪"，我会说。"而〈你会责怪〉关于出生者的抚养以及关于你也曾于其中被教育的那种教育的那些法律吗？或者我们中这些为此而被设立起来的法律，当它们要求你父亲在文艺和体育方面教育你时，它们未曾好好地下命令？""好好地〈下命令了〉"，我会说。"好的！但既然你被生下来了，被抚养和被教育了，那你还能够首先说你不是我们的后裔和奴仆吗，无论是你本人还是你的祖先们？并且如果这就是如此，那你还会认为你和我们有平等的权利吗 [166]，以及我们尝试对你做什么，你就认为你有权反过来〈对我们〉做什么 [167]？或者，你之于父亲，以及之于主人——如果你碰巧有的话——以往并无平等的权利，从而不能把

ΚΡΙΤΩΝ

οντα ἀντιλέγειν οὔτε τυπτόμενον ἀντιτύπτειν οὔτε ἄλλα τοιαῦτα πολλά· πρὸς δὲ τὴν πατρίδα ἄρα καὶ τοὺς νόμους ἐξέσται σοι, ὥστε, ἐάν σε ἐπιχειρῶμεν ἡμεῖς ἀπολλύναι δίκαιον ἡγούμενοι εἶναι, καὶ σὺ δὲ ἡμᾶς τοὺς νόμους καὶ τὴν πατρίδα καθ' ὅσον δύνασαι ἐπιχειρήσεις ἀνταπολλύναι, καὶ φήσεις ταῦτα ποιῶν δίκαια πράττειν, ὁ τῇ ἀληθείᾳ τῆς ἀρετῆς ἐπιμελόμενος; ἢ οὕτως εἶ σοφὸς ὥστε λέληθέν σε ὅτι μητρός τε καὶ πατρὸς καὶ τῶν ἄλλων προγόνων ἁπάντων τιμιώτερόν ἐστιν πατρὶς καὶ σεμνότερον καὶ ἁγιώτερον καὶ ἐν μείζονι μοίρᾳ καὶ παρὰ θεοῖς καὶ παρ' ἀνθρώποις τοῖς νοῦν ἔχουσι, καὶ σέβεσθαι δεῖ καὶ μᾶλλον ὑπείκειν καὶ θωπεύειν πατρίδα χαλεπαίνουσαν ἢ πατέρα, καὶ ἢ πείθειν ἢ ποιεῖν ἃ ἂν κελεύῃ, καὶ πάσχειν ἐάν τι προστάττῃ παθεῖν ἡσυχίαν ἄγοντα, ἐάντε τύπτεσθαι ἐάντε δεῖσθαι, ἐάντε εἰς πόλεμον ἄγῃ τρωθησόμενον ἢ ἀποθανούμενον, ποιητέον ταῦτα, καὶ τὸ δίκαιον οὕτως ἔχει, καὶ οὐχὶ ὑπεικτέον οὐδὲ ἀναχωρητέον οὐδὲ λειπτέον τὴν τάξιν, ἀλλὰ καὶ ἐν πολέμῳ καὶ ἐν δικαστηρίῳ καὶ πανταχοῦ ποιητέον ἃ ἂν κελεύῃ ἡ πόλις καὶ ἡ πατρίς, ἢ πείθειν αὐτὴν ᾗ τὸ δίκαιον πέφυκε· βιάζεσθαι δὲ οὐχ ὅσιον οὔτε μητέρα οὔτε πατέρα, πολὺ δὲ τούτων ἔτι ἧττον τὴν πατρίδα;" τί φήσομεν πρὸς ταῦτα, ὦ Κρίτων; ἀληθῆ λέγειν τοὺς νόμους ἢ οὔ;

ΚΡ. Ἔμοιγε δοκεῖ.

ΣΩ. "Σκόπει τοίνυν, ὦ Σώκρατες," φαῖεν ἂν ἴσως οἱ νόμοι, "εἰ ἡμεῖς ταῦτα ἀληθῆ λέγομεν, ὅτι οὐ δίκαια ἡμᾶς ἐπιχειρεῖς δρᾶν ἃ νῦν ἐπιχειρεῖς. ἡμεῖς γάρ σε γεννήσαντες, ἐκθρέψαντες, παιδεύσαντες, μεταδόντες ἁπάντων ὧν οἷοί τ' ἦμεν καλῶν σοί καὶ τοῖς ἄλλοις πᾶσιν πολίταις, ὅμως προαγορεύομεν τῷ ἐξουσίαν πεποιηκέναι Ἀθηναίων τῷ βουλομένῳ,

---

a 3 ἐξέσται] ἔσται Schanz   a 4 δὲ] γε al. Schanz   a 9 ἐστι T : ἐστιν ἢ B : om. Stobaeus   b 3 πατέρα] πατέρα καὶ μητέρα Stobaeus   ἢ πείθειν secl. Schanz   b 4 ἃ] ᾗ Stobaeus   b 6 ποιητέα W Stobaeus   b 9 ὃ ἂν vel ᾗ ἂν Stobaeus   c 1 καὶ B : τε καὶ T   ἢ καὶ πείθειν Stobaeus   ᾗ τὸ om. Stobaeus

你所遭受到的那些报复回去,既不能因为被痛斥了[168]就要顶嘴反驳,也不能因为被打了就还手反击,也不能做其他诸如此类的许多事情;而对于祖国和法律你就将被容许是下面这样吗,那就是:如果由于我们认为是正当的而尝试毁灭你,那么你就会尝试尽其所能地[169]反过来毁灭我们法律和祖国,并且说在这样做时乃在行正当之事,你这位真正关心德性的人?或者你是如此的智慧,以至于你未曾注意到:与母亲、父亲和其他所有祖先相比,祖国是更受尊重的、更庄严的和更神圣的,以及在诸神那儿和在有理智的人那儿都会受到更大的敬意[170];并且当祖国动怒时,必须敬畏、顺从和抚慰[171]它远胜于〈你〉父亲;要么说服〈它〉,要么做它所命令的事情,并且如果它命令〈你〉承受某种东西,〈你〉就要安安静静地[172]承受,无论是被鞭打还是被囚禁,即使派遣〈你〉参加会受伤甚或送命的战斗,这也得必须做;并且正当的事情就是这样,既不应让步,也不应撤退,也不应放弃阵地,相反,在战斗中、在法庭上以及在一切地方都必须做城邦和祖国所命令的事情,或者〈应该〉劝说它到下面这个地步,即在那儿自然而然就已经有着正当的东西[173]。但对母亲或对父亲使用暴力,这已经不是虔敬的[174],而对祖国使用暴力岂不比这要糟糕得多?"克里同啊,我们对此该怎么说?法律说得对还是不对?

51a1

51a5

51b1

51b5

51c1

克里同:我确实认为〈它们说得对〉!

51c5

苏格拉底:"苏格拉底啊,此外请你再考虑一下",法律或许还会说:"是否我们这样说是对的[175],那就是你无权[176]尝试对我们做[177]你现在尝试〈做〉的那些事情。因为,尽管我们生下了你、抚养了你、教育了你,把我们曾能有的所有美好的东西都给予你和所有其他的公民[178],但我们还是预先告知[179]已经允许[180]雅典人中任何一位怀有〈下

51d1

51 d ΠΛΑΤΩΝΟΣ

ἐπειδὰν δοκιμασθῇ καὶ ἴδῃ τὰ ἐν τῇ πόλει πράγματα καὶ
ἡμᾶς τοὺς νόμους, ᾧ ἂν μὴ ἀρέσκωμεν ἡμεῖς, ἐξεῖναι λαβόντα
τὰ αὑτοῦ ἀπιέναι ὅποι ἂν βούληται. καὶ οὐδεὶς ἡμῶν τῶν
νόμων ἐμποδών ἐστιν οὐδ' ἀπαγορεύει, ἐάντε τις βούληται
ὑμῶν εἰς ἀποικίαν ἰέναι, εἰ μὴ ἀρέσκοιμεν ἡμεῖς τε καὶ ἡ
πόλις, ἐάντε μετοικεῖν ἄλλοσέ ποι ἐλθών, ἰέναι ἐκεῖσε ὅποι
ἂν βούληται, ἔχοντα τὰ αὑτοῦ. ὃς δ' ἂν ὑμῶν παραμείνῃ,
ὁρῶν ὃν τρόπον ἡμεῖς τάς τε δίκας δικάζομεν καὶ τἆλλα τὴν
πόλιν διοικοῦμεν, ἤδη φαμὲν τοῦτον ὡμολογηκέναι ἔργῳ ἡμῖν
ἃ ἂν ἡμεῖς κελεύωμεν ποιήσειν ταῦτα, καὶ τὸν μὴ πειθόμενον
τριχῇ φαμεν ἀδικεῖν, ὅτι τε γεννηταῖς οὖσιν ἡμῖν οὐ πεί-
θεται, καὶ ὅτι τροφεῦσι, καὶ ὅτι ὁμολογήσας ἡμῖν πείσεσθαι
οὔτε πείθεται οὔτε πείθει ἡμᾶς, εἰ μὴ καλῶς τι ποιοῦμεν,
προτιθέντων ἡμῶν καὶ οὐκ ἀγρίως ἐπιταττόντων ποιεῖν ἃ ἂν
κελεύωμεν, ἀλλὰ ἐφιέντων δυοῖν θάτερα, ἢ πείθειν ἡμᾶς ἢ
ποιεῖν, τούτων οὐδέτερα ποιεῖ. ταύταις δή φαμεν καὶ σέ, ὦ
Σώκρατες, ταῖς αἰτίαις ἐνέξεσθαι, εἴπερ ποιήσεις ἃ ἐπινοεῖς,
καὶ οὐχ ἥκιστα Ἀθηναίων σέ, ἀλλ' ἐν τοῖς μάλιστα." εἰ οὖν
ἐγὼ εἴποιμι· "Διὰ τί δή;" ἴσως ἄν μου δικαίως καθάπτοιντο
λέγοντες ὅτι ἐν τοῖς μάλιστα Ἀθηναίων ἐγὼ αὐτοῖς ὡμολο-
γηκὼς τυγχάνω ταύτην τὴν ὁμολογίαν. φαῖεν γὰρ ἂν ὅτι
"Ὦ Σώκρατες, μεγάλα ἡμῖν τούτων τεκμήριά ἐστιν, ὅτι σοι
καὶ ἡμεῖς ἠρέσκομεν καὶ ἡ πόλις· οὐ γὰρ ἄν ποτε τῶν ἄλλων
Ἀθηναίων ἁπάντων διαφερόντως ἐν αὐτῇ ἐπεδήμεις εἰ μή σοι
διαφερόντως ἤρεσκεν, καὶ οὔτ' ἐπὶ θεωρίαν πώποτ' ἐκ τῆς
πόλεως ἐξῆλθες, ὅτι μὴ ἅπαξ εἰς Ἰσθμόν, οὔτε ἄλλοσε
οὐδαμόσε, εἰ μή ποι στρατευσόμενος, οὔτε ἄλλην ἀποδημίαν
ἐποιήσω πώποτε ὥσπερ οἱ ἄλλοι ἄνθρωποι, οὐδ' ἐπιθυμία σε
ἄλλης πόλεως οὐδὲ ἄλλων νόμων ἔλαβεν εἰδέναι, ἀλλὰ ἡμεῖς

d 5, 6 καὶ ... βούληται B²TW : om. B   d 8 ποι B²TW : om. B
e 6 ὁμολογήσας] ὁμόσας M. Schmidt   ἡμῖν πείσεσθαι W : ἡμῖν πείθεσθαι
B : ἢ μὴν πείθεσθαι Tb : ἢ μὴν πείσεσθαι Buttmann   a 3 ὦ om. B
b 3 εἰ μὴ ... ἤρεσκεν secl. Cobet   b 5 ὅτι μὴ ... Ἰσθμόν add. T
et in marg. w : om. BW sed legit Athenaeus   b 6 ἐποιήσω
ἀποδημίαν T   b 7 ἄλλοι B : om. T

面这种〉意愿，那就是：一旦他被认可[181]，并且熟悉城邦中的各种事务和我们法律，那么，假如我们不能让他满意，那他就可以拿上自己的东西离开，到任何他想去的地方。并且我们法律中没有谁会阻碍，也没有谁会禁止，无论你们中谁愿意前往殖民地[182]——假如我们和城邦没有让他满意的话——，也无论谁愿意作为前往者而迁居到其他任何地方，他都可以携带自己的东西去他愿意〈去〉的那儿。但你们中那仍然留下的人——鉴于看到我们以何种方式判决案子和在其他方面[183]治理城邦——，那我们就要说，这人已经用行动对我们同意了将做我们会命令〈他做〉的那些事情；并且我们说不服从者在行三重不义：我们是生身父母，他却拒不服从；〈我们是〉抚养者，〈他也拒不服从〉；即使同意了将服从[184]我们，也既没有服从我们，也没有劝说我们，如果我们有什么做得不好的话，尽管我们提供了选择，并且没有野蛮地强求他做我们所命令的事情，而是允许二者选一，要么说服我们，要么做〈我们所命令的〉，而他这两样都不干。我们的确得说，苏格拉底啊，你也将被这些罪责缠住[185]，假如你真的实施了你正在打主意的那些事情的话，并且在雅典人中〈你的罪责〉最为不小，反倒最大[186]。"因此，如果我说："究竟为什么呢？"那么它们[187]或许就会义正词严地谴责我，说在雅典人中我恰恰最为对他们同意了该条约。因为它们会说："苏格拉底啊，我们对此有一些强有力的证明，那就是我们和城邦都曾让你满意，否则同其他所有雅典人相比，你此前也不会异乎寻常地留在了本城邦，除非它曾异乎寻常地让你满意。并且你从未为了看赛会[188]而离开过城邦，除了只去过伊斯特摩斯[189]一次；除了去过当兵打仗的地方之外[190]你也未曾去过其他任何地方；你也从未曾像其他人那样进行过任何其他的外出旅行，你未曾渴望过[191]去看

ΚΡΙΤΩΝ 52 c

σοι ἱκανοὶ ἦμεν καὶ ἡ ἡμετέρα πόλις· οὕτω σφόδρα ἡμᾶς c
ᾑροῦ καὶ ὡμολόγεις καθ' ἡμᾶς πολιτεύσεσθαι, τά τε ἄλλα καὶ
παῖδας ἐν αὐτῇ ἐποιήσω, ὡς ἀρεσκούσης σοι τῆς πόλεως. ἔτι
τοίνυν ἐν αὐτῇ τῇ δίκῃ ἐξῆν σοι φυγῆς τιμήσασθαι εἰ ἐβού-
λου, καὶ ὅπερ νῦν ἀκούσης τῆς πόλεως ἐπιχειρεῖς, τότε 5
ἑκούσης ποιῆσαι. σὺ δὲ τότε μὲν ἐκαλλωπίζου ὡς οὐκ ἀγα-
νακτῶν εἰ δέοι τεθνάναι σε, ἀλλὰ ᾑροῦ, ὡς ἔφησθα, πρὸ τῆς
φυγῆς θάνατον· νῦν δὲ οὔτ' ἐκείνους τοὺς λόγους αἰσχύνῃ,
οὔτε ἡμῶν τῶν νόμων ἐντρέπῃ, ἐπιχειρῶν διαφθεῖραι, πράτ-
τεις τε ἅπερ ἂν δοῦλος ὁ φαυλότατος πράξειεν, ἀποδιδράσκειν d
ἐπιχειρῶν παρὰ τὰς συνθήκας τε καὶ τὰς ὁμολογίας καθ' ἃς
ἡμῖν συνέθου πολιτεύεσθαι. πρῶτον μὲν οὖν ἡμῖν τοῦτ' αὐτὸ
ἀπόκριναι, εἰ ἀληθῆ λέγομεν φάσκοντές σε ὡμολογηκέναι
πολιτεύσεσθαι καθ' ἡμᾶς ἔργῳ ἀλλ' οὐ λόγῳ, ἢ οὐκ ἀληθῆ." 5
τί φῶμεν πρὸς ταῦτα, ὦ Κρίτων; ἄλλο τι ἢ ὁμολογῶμεν;

ΚΡ. Ἀνάγκη, ὦ Σώκρατες.

ΣΩ. "Ἄλλο τι οὖν," ἂν φαῖεν, "ἢ συνθήκας τὰς πρὸς
ἡμᾶς αὐτοὺς καὶ ὁμολογίας παραβαίνεις, οὐχ ὑπὸ ἀνάγκης e
ὁμολογήσας οὐδὲ ἀπατηθεὶς οὐδὲ ἐν ὀλίγῳ χρόνῳ ἀναγκασθεὶς
βουλεύσασθαι, ἀλλ' ἐν ἔτεσιν ἑβδομήκοντα, ἐν οἷς ἐξῆν σοι
ἀπιέναι, εἰ μὴ ἠρέσκομεν ἡμεῖς μηδὲ δίκαιαι ἐφαίνοντό σοι
αἱ ὁμολογίαι εἶναι. σὺ δὲ οὔτε Λακεδαίμονα προῃροῦ οὔτε 5
Κρήτην, ἃς δὴ ἑκάστοτε φῇς εὐνομεῖσθαι, οὔτε ἄλλην οὐδε-
μίαν τῶν Ἑλληνίδων πόλεων οὐδὲ τῶν βαρβαρικῶν, ἀλλὰ 53
ἐλάττω ἐξ αὐτῆς ἀπεδήμησας ἢ οἱ χωλοί τε καὶ τυφλοὶ καὶ
οἱ ἄλλοι ἀνάπηροι· οὕτω σοι διαφερόντως τῶν ἄλλων Ἀθη-
ναίων ἤρεσκεν ἡ πόλις τε καὶ ἡμεῖς οἱ νόμοι δῆλον ὅτι· τίνι
γὰρ ἂν πόλις ἀρέσκοι ἄνευ νόμων; νῦν δὲ δὴ οὐκ ἐμμενεῖς 5
τοῖς ὡμολογημένοις; ἐὰν ἡμῖν γε πείθῃ, ὦ Σώκρατες· καὶ
οὐ καταγέλαστός γε ἔσῃ ἐκ τῆς πόλεως ἐξελθών.

c 2 πολιτεύσεσθαι B : πολιτεύεσθαι T W   d 1 δ T Eusebius : om. B
d 3 μὲν B : om. T Eusebius   d 5 πολιτεύσεσθαι T : πολιτεύεσθαι B
e 5 δὲ B : τε T   a 1 οὔτε τῶν βαρβάρων T   a 7 γε T : τε B
(sed ex emend.) W

看[192]其他的城邦和其他的法律，相反，对你来说，我们和我们的城邦就已经是足够的了。因此你极其〈坚定地〉选择了我们，并同意了根据我们而成为一个公民[193]，你尤其还[194]在该城邦中生了孩子呢，因为它让你满意。此外，在那场审判中你仍然可以被判放逐[195]，如果你愿意的话；并且你现在违背城邦的意愿所尝试的事情，那时是可以合它的意[196]而做的[197]。但那时你却自我炫耀[198]，说即便你必须得死也不会恼怒，而是宁可选择——如你所说——死亡，也不选择放逐。但如今呢，你既不对那些话感到羞耻，也没有敬重[199]我们法律，因为你尝试毁灭我们；你正在做最卑贱的奴隶才会做的事情，因为你尝试违背各种协议和条约逃走，而你曾同意我们根据它们而成为公民。因此，请你首先只[200]回答我们这点，当我们声称你是以行动，而不是以言辞已经同意根据我们而成为公民时，我们说得对，还是不对？"克里同啊，对此我们会说什么呢？我们是不是只有同意？

52c1

52c5

52d1

52d5

克里同：必须同意，苏格拉底！

苏格拉底："因此"，它们还会说："你无疑[201]在违背你恰恰[202]同我们〈所达成〉的那些协议和条约，当你曾同意时，既不是出于强迫，也不是由于被欺骗，也不是在短时间内被迫决定，而是在七十年中〈决定的〉；在这七十年间你被允许离开[203]，如果我们未曾〈让你〉满意，或者一些条约曾对你显得是不正当的。然而，你既不曾选择拉栖岱蒙[204]，也不曾选择克里特——你可是每次都说它们有好的法律——，也不曾选择希腊人的[205]诸城邦中的其他任何一个，也不曾选择任何非希腊人的[206]城邦；相反，你比瘸子、盲人和其他残疾人都更少从这里[207]离家外出过。所以同其他雅典人相比，无论城邦还是我们法律都显然[208]异乎寻常地让你满意；因为，一个没有法律的城邦会让谁感到满意呢[209]？难道你现在仍然不会遵守那些被同意了的东西吗？你会的[210]，苏格拉底，如果你服从我们的话；由此至少[211]你也就不会由于离开城邦而成为笑柄[212]。"

52e1

52e5

53a1

53a5

ΠΛΑΤΩΝΟΣ

"Σκόπει γὰρ δή, ταῦτα παραβὰς καὶ ἐξαμαρτάνων τι τούτων τί ἀγαθὸν ἐργάσῃ σαυτὸν ἢ τοὺς ἐπιτηδείους τοὺς σαυτοῦ. ὅτι μὲν γὰρ κινδυνεύσουσί γέ σου οἱ ἐπιτήδειοι καὶ αὐτοὶ φεύγειν καὶ στερηθῆναι τῆς πόλεως ἢ τὴν οὐσίαν ἀπολέσαι, σχεδόν τι δῆλον· αὐτὸς δὲ πρῶτον μὲν ἐὰν εἰς τῶν ἐγγύτατά τινα πόλεων ἔλθῃς, ἢ Θήβαζε ἢ Μέγαράδε— εὐνομοῦνται γὰρ ἀμφότεραι—πολέμιος ἥξεις, ὦ Σώκρατες, τῇ τούτων πολιτείᾳ, καὶ ὅσοιπερ κήδονται τῶν αὑτῶν πόλεων ὑποβλέψονταί σε διαφθορέα ἡγούμενοι τῶν νόμων, καὶ βεβαιώσεις τοῖς δικασταῖς τὴν δόξαν, ὥστε δοκεῖν ὀρθῶς τὴν δίκην δικάσαι· ὅστις γὰρ νόμων διαφθορεύς ἐστιν σφόδρα που δόξειεν ἂν νέων γε καὶ ἀνοήτων ἀνθρώπων διαφθορεὺς εἶναι. πότερον οὖν φεύξῃ τάς τε εὐνομουμένας πόλεις καὶ τῶν ἀνδρῶν τοὺς κοσμιωτάτους; καὶ τοῦτο ποιοῦντι ἆρα ἄξιόν σοι ζῆν ἔσται; ἢ πλησιάσεις τούτοις καὶ ἀναισχυντήσεις διαλεγόμενος—τίνας λόγους, ὦ Σώκρατες; ἢ οὕσπερ ἐνθάδε, ὡς ἡ ἀρετὴ καὶ ἡ δικαιοσύνη πλείστου ἄξιον τοῖς ἀνθρώποις καὶ τὰ νόμιμα καὶ οἱ νόμοι; καὶ οὐκ οἴει ἄσχημον [ἂν] φανεῖσθαι τὸ τοῦ Σωκράτους πρᾶγμα; οἴεσθαί γε χρή. ἀλλ' ἐκ μὲν τούτων τῶν τόπων ἀπαρεῖς, ἥξεις δὲ εἰς Θετταλίαν παρὰ τοὺς ξένους τοὺς Κρίτωνος; ἐκεῖ γὰρ δὴ πλείστη ἀταξία καὶ ἀκολασία, καὶ ἴσως ἂν ἡδέως σου ἀκούοιεν ὡς γελοίως ἐκ τοῦ δεσμωτηρίου ἀπεδίδρασκες σκευήν τέ τινα περιθέμενος, ἢ διφθέραν λαβὼν ἢ ἄλλα οἷα δὴ εἰώθασιν ἐνσκευάζεσθαι οἱ ἀποδιδράσκοντες, καὶ τὸ σχῆμα τὸ σαυτοῦ μεταλλάξας· ὅτι δὲ γέρων ἀνήρ, σμικροῦ χρόνου τῷ βίῳ λοιποῦ ὄντος ὡς τὸ εἰκός, ἐτόλμησας οὕτω γλίσχρως ἐπιθυμεῖν ζῆν, νόμους τοὺς μεγίστους παραβάς, οὐδεὶς ὃς ἐρεῖ; ἴσως, ἂν μή τινα λυπῇς· εἰ δὲ μή, ἀκούσῃ, ὦ Σώκρατες, πολλὰ καὶ ἀνάξια σαυτοῦ.

a 8 ἐξαμαρτῶν T   c 5 ἐστι σοι ζῆν T   c 8 ἂν B : om. T Eusebius   d 2 τόπων B Eusebius : πόλεων T   d 3 τοὺς Κρίτωνος B Eusebius : τοῦ Κρίτωνος T   d 7 μεταλλάξας T Eusebius : καταλλάξας B   e 1 οὕτω γλίσχρως TW (in marg.) Eusebius : οὕτως αἰσχρῶς B W : γρ. οὕτω γ' αἰσχρῶς in marg. t

"因为你真的得考虑一下，当你违背了这些和在这些方面犯下某种错误，你将给你自己或你自己的挚友们带来什么好处！你的挚友们至少将陷入危险中，他们自己将逃亡，被剥夺公民权[213]或者丧失财产，这几乎是显而易见的。而就你自己来说，如果你首先去了最近的某个城邦，要么忒拜，要么墨伽拉[214]——因为两者都有好的法律——，那么，苏格拉底，对于它们的政制来说你是作为敌人而到来，并且那些忧心自己城邦的人都会斜眼看你，因为他们认为你是法律的败坏者，而你也将巩固陪审员们的意见，以至于在他们看来已经正确地判决了案子；因为任何是法律的败坏者的人[215]，都极有可能被视为是年青人和无理智的人[216]的败坏者[217]。因此，你要逃避这些有好的法律的城邦和这些最安分守己的人吗？而当你这样做时，你还会值得活吗？或者你还要接近这些人并厚颜无耻地与他们进行交谈——苏格拉底啊，谈哪些话题呢？莫非〈谈〉在〈我们〉这里〈谈过〉的那些，诸如德性和正义对于人来说是最有价值的，以及各种习惯和法律？并且难道你不认为苏格拉底的所作所为显得很丑陋[218]吗？肯定必须得这么认为！但你会离开这样一些地方而到忒塔利亚去投靠克里同的那些异乡朋友吗？那里肯定最为无秩序和无节制，并且或许他们也乐于听到你当时如何通过伪装[219]——要么穿上兽皮外套，要么穿上逃犯们惯常准备的其他那类东西——和改变你自己的样貌而可笑地从监狱逃跑出来。但作为一个老人，就生命来说所剩的时日很可能是不多了，你竟然敢于如此贪婪地[220]渴望活命，不惜违背最重要的法律，没有人会这么说吗？也许没有，只要你不惹恼人的话；否则，苏格拉底啊，你就会听到很多把你本人说得一文不值的话。你肯定将通过对所有人摇尾乞怜

ΚΡΙΤΩΝ 53 e

ὑπερχόμενος δὴ βιώσῃ πάντας ἀνθρώπους καὶ δουλεύων—
τί ποιῶν ἢ εὐωχούμενος ἐν Θετταλίᾳ, ὥσπερ ἐπὶ δεῖπνον
ἀποδεδημηκὼς εἰς Θετταλίαν; λόγοι δὲ ἐκεῖνοι οἱ περὶ
δικαιοσύνης τε καὶ τῆς ἄλλης ἀρετῆς ποῦ ἡμῖν ἔσονται; ἀλλὰ 54
δὴ τῶν παίδων ἕνεκα βούλει ζῆν, ἵνα αὐτοὺς ἐκθρέψῃς καὶ
παιδεύσῃς; τί δέ; εἰς Θετταλίαν αὐτοὺς ἀγαγὼν θρέψεις τε
καὶ παιδεύσεις, ξένους ποιήσας, ἵνα καὶ τοῦτο ἀπολαύσωσιν;
ἢ τοῦτο μὲν οὔ, αὐτοῦ δὲ τρεφόμενοι σοῦ ζῶντος βέλτιον 5
θρέψονται καὶ παιδεύσονται μὴ συνόντος σοῦ αὐτοῖς; οἱ γὰρ
ἐπιτήδειοι οἱ σοὶ ἐπιμελήσονται αὐτῶν. πότερον ἐὰν μὲν εἰς
Θετταλίαν ἀποδημήσῃς, ἐπιμελήσονται, ἐὰν δὲ εἰς Ἅιδου
ἀποδημήσῃς, οὐχὶ ἐπιμελήσονται; εἴπερ γέ τι ὄφελος αὐτῶν
ἐστιν τῶν σοι φασκόντων ἐπιτηδείων εἶναι, οἴεσθαί γε χρή. b

" 'Ἀλλ', ὦ Σώκρατες, πειθόμενος ἡμῖν τοῖς σοῖς τροφεῦσι
μήτε παῖδας περὶ πλείονος ποιοῦ μήτε τὸ ζῆν μήτε ἄλλο
μηδὲν πρὸ τοῦ δικαίου, ἵνα εἰς Ἅιδου ἐλθὼν ἔχῃς πάντα
ταῦτα ἀπολογήσασθαι τοῖς ἐκεῖ ἄρχουσιν· οὔτε γὰρ ἐνθάδε 5
σοι φαίνεται ταῦτα πράττοντι ἄμεινον εἶναι οὐδὲ δικαιότερον
οὐδὲ ὁσιώτερον, οὐδὲ ἄλλῳ τῶν σῶν οὐδενί, οὔτε ἐκεῖσε
ἀφικομένῳ ἄμεινον ἔσται. ἀλλὰ νῦν μὲν ἠδικημένος ἄπει,
ἐὰν ἀπίῃς, οὐχ ὑφ᾽ ἡμῶν τῶν νόμων ἀλλὰ ὑπ᾽ ἀνθρώπων· c
ἐὰν δὲ ἐξέλθῃς οὕτως αἰσχρῶς ἀνταδικήσας τε καὶ ἀντικα-
κουργήσας, τὰς σαυτοῦ ὁμολογίας τε καὶ συνθήκας τὰς πρὸς
ἡμᾶς παραβὰς καὶ κακὰ ἐργασάμενος τούτους οὓς ἥκιστα
ἔδει, σαυτόν τε καὶ φίλους καὶ πατρίδα καὶ ἡμᾶς, ἡμεῖς τέ 5
σοι χαλεπανοῦμεν ζῶντι, καὶ ἐκεῖ οἱ ἡμέτεροι ἀδελφοὶ οἱ ἐν
Ἅιδου νόμοι οὐκ εὐμενῶς σε ὑποδέξονται, εἰδότες ὅτι καὶ
ἡμᾶς ἐπεχείρησας ἀπολέσαι τὸ σὸν μέρος. ἀλλὰ μή σε
πείσῃ Κρίτων ποιεῖν ἃ λέγει μᾶλλον ἢ ἡμεῖς." d

Ταῦτα, ὦ φίλε ἑταῖρε Κρίτων, εὖ ἴσθι ὅτι ἐγὼ δοκῶ

e 4 ὑπερχόμενος B Eusebius : ὑπεχόμενος T   πάντας ἀνθρώπους βιώσει T   a 4 τοῦτο B T : τοῦτό σου W   a 7 ἐὰν μὲν T : ἐὰν B   b 4 πρὸ secl. Cobet   ταῦτα πάντα T Eusebius   b 7 οὐδὲ ὁσιώτερον T Eusebius : οὔτε ὁσιώτερον B

和当牛做马[221]来生活——你在忒塔利亚除了饱食终日还能做什么，好像为了讨一口饭吃而背井离乡来到忒塔利亚似的？而〈你说的〉那些关于正义和其他德性的话，对我们来说又将何在？那你肯定是为了孩子们而愿意活着，以便能养育和教育他们？但这怎么可能？你通过把他们带到忒塔利亚来进行抚养和教育，就为了他们会得到这点好处，即把他们变成异邦人[222]？或者，如果不是这样[223]，而他们就在这里[224]被抚养——即使你还活着——，那么，在你没有跟他们在一起的情况下他们会被抚养和教育得更好吗？你的挚友们当然会关心他们。是否如果你离家到了忒塔利亚，他们就会关心，而如果你离家去了哈德斯那里[225]，他们就不关心了呢？其实如果那些声称是你挚友的人还有点用处的话，那就必然认为〈他们会关心的〉。"

"那么，苏格拉底啊，听从我们这些你的养育者[226]，请你既不要把孩子们，也不要把活着和其他东西，看得比正当的东西更为重要，以便当你前往哈德斯之后，你能够拿出所有这些向那儿的统治者们[227]进行申辩。因为，一旦你做了那些事，显然在这里[228]对你来说既不是更好的，也不是更正当的和更虔敬的，对你的其他任何〈亲友〉来说亦然；即使当你到了那边[229]，对你来说也不会是更好的。但现在你因被行了不义而要离去[230]，如果你离去了，也不是被我们这些法律而是被人〈行了不义〉；但如果你要〈通过做下面这些而〉如此无耻地逃走——即反行不义和反过来进行伤害，违背你自己同我们的那些条约和协议，并且对那些最不应该〈那样对待的〉，即你自己、朋友们、祖国以及我们〈法律〉，做出种种恶事——，那么，当你活着的时候，我们会对你动怒，而在那边，我们的兄弟们，即在哈德斯那里的法律，也不会友好地接纳你，如果它们知道你曾尝试从你那方毁灭我们的话。无论如何你都不要让克里同说服你去做他说的那些事，而是要让我们说服你。"

〈以上〉这些，亲爱的朋友克里同啊，你一定要清楚它们就是我似

ἀκούειν, ὥσπερ οἱ κορυβαντιῶντες τῶν αὐλῶν δοκοῦσιν ἀκούειν, καὶ ἐν ἐμοὶ αὕτη ἡ ἠχὴ τούτων τῶν λόγων βομβεῖ
5 καὶ ποιεῖ μὴ δύνασθαι τῶν ἄλλων ἀκούειν· ἀλλὰ ἴσθι, ὅσα γε τὰ νῦν ἐμοὶ δοκοῦντα, ἐὰν λέγῃς παρὰ ταῦτα, μάτην ἐρεῖς. ὅμως μέντοι εἴ τι οἴει πλέον ποιήσειν, λέγε.

ΚΡ. Ἀλλ', ὦ Σώκρατες, οὐκ ἔχω λέγειν.

ΣΩ. Ἔα τοίνυν, ὦ Κρίτων, καὶ πράττωμεν ταύτῃ, ἐπειδὴ ταύτῃ ὁ θεὸς ὑφηγεῖται.

d 6 ἐὰν B T : ἐάν τι W t : ὡς ἐὰν B² (ὡς s. v.)

乎听到的，就像那些参加科儒巴斯祭仪[231]的人似乎听到笛声一样；而这些话的声音就还在我〈耳边〉鸣响，并使得我不可能听到其他的。无论如何你都要知道：我现在所认为的就这么多，如果你要反驳这些，说了也是枉然。但你如果认为〈你〉还有什么更多的要做，那仍旧请说吧！ 54d5

克里同：但苏格拉底啊，我没有什么要说的了[232]。

苏格拉底：那就这样吧[233]！克里同；并且让我们就这样做，既然神这样进行了指引[234]。

注　释

1. 副词 τηνικάδε 的本意是"在这个时候"，转义为"这么早"；因此，这句话也可以译为"你为何这么早就来了"。
2. 克里同和苏格拉底既是同乡，而且同岁，并且非常富有。参见《苏格拉底的申辩》(33d9-e1)：Κρίτων οὑτοσί, ἐμὸς ἡλικιώτηςκαὶ δημότης. [这位克里同，和我同年龄的人，并且是同乡。]
3. ἤ 在这儿是疑问连接词，相当于拉丁文的 an。
4. μάλιστα 是副词 μάλα [十分，非常] 的最高级，一般意思是"最为""尤其"，但修饰和限定表数字的词时，意思是"大约""将近"。
5. ὄρθρος βαθύς 是词组，也可以译为"天快亮时"。名词 ὄρθρος 的意思是"黎明""清晨"，形容词 βαθύς 的本意是"深的""高的""厚的"；νύξ βαθύς 的意思是"深夜"，而 ὄρθρος βαθύς 意思是"黎明前""鸡鸣时刻"，即"黎明前最黑暗的时候"。因此，ὄρθρος βαθύς 当算作夜晚的最后一部分，而不算作白天的一部分；参见《普罗塔戈拉》(310a8)：Τῆς γὰρ παρελθούσης νυκτὸς ταυτησί, ἔτι βαθέος ὄρθρου. [在刚过去的这个夜里，天快亮时。]
6. 动词 ὑπακούω 的本意是"倾听""听从"；跟与格，则专指门卫对一个人的敲门的回应，即"应声""应门"。在苏格拉底被收监和执行死刑之间有一个月的时差，在这期间他的朋友和学生们通常一大早就来到监狱附近闲聊，等到狱门打开后再进去同他谈话；因此苏格拉底吃惊的不是看到了克里同，而是看到他这么早，即天不亮就到监狱里面来了。
7. διὰ τὸ πολλάκις δεῦρο φοιτᾶν [由于经常到这儿走来走去]，这句话也可以简单译为"由于经常来这儿"。φοιτάω 的本意是"走来走去""走上走下""漫游""漂泊"，进而转义为"狂奔乱跑""发疯"。
8. καί τι καί，第一个 καί 是连词，即"并且"，而第二个 καί 是副词，意思是"此外"；τι 在这儿相当于拉丁文的 nonnihil [一些，一点点]，限定动词

εὐεργέτηται[他被施了恩惠]，即"他被施了一点点恩惠"。

9　这句话也可以意译为："此外，我也已经给了他一点点好处。"或"此外，他也已经从我这儿得到了一点点好处。"

10　ἐπιεικῶς πάλαι 是固定表达，本意是"相当久了"，这里根据上下文译为"老早就来了"；但副词 ἐπιεικῶς 的本意是"合适地""适宜地"。参见《泰阿泰德》(142a1-2)：EY. Ἄρτι, ὦ Τερψίων, ἢ πάλαι ἐξ ἀγροῦ; ΤΕΡ. Ἐπιεικῶς πάλαι.[欧几里得：忒尔普西翁，你是刚从乡下来吗，还是早就来了？忒尔普西翁：老早就来了。]

11　副词 εἶτα 在疑问句中表"惊讶"，故根据上下文在这里加上"竟然"一词。

12　名词 σιγή[安静、沉默]的与格 σιγῇ 作副词使用，意思是"静悄悄地""默不作声地"。

13　克里同的意思是，如果他面临苏格拉底的处境，那他本人可能会因痛苦而失眠；所以面对苏格拉底的酣睡，他对此感到吃惊。

14　σοῦ πάλαι θαυμάζω 是一个整体；θαυμάζω 要求属格，所以用 σοῦ。此外，θαυμάζω τί τινος 是固定表达，意思是"在某人那儿对某事感到吃惊"；参见《泰阿泰德》(161b8-9)：Οἶσθ᾽ οὖν, ὦ Θεόδωρε, ὃ θαυμάζω τοῦ ἑταίρου σου Πρωταγόρου;[忒俄多洛斯啊，那么你知道我在你的朋友普罗塔戈拉那儿对什么感到吃惊吗？]

15　ἵνα ὡς ἥδιστα διάγῃς[以便你能尽可能愉快地度过时光]，基于这里的场景，这句话也可以意译为："以便你能尽可能香甜地安睡。"ἥδιστα 是形容词 ἡδύς[愉快的]的最高级，ὡς 加最高级表"尽可能……"；动词 διάγω 的本意就是"度日"。参见《申辩》(40d2-e2)：ἐγὼ γὰρ ἂν οἶμαι, εἴ τινα ἐκλεξάμενον δέοι ταύτην τὴν νύκτα ἐν ᾗ οὕτω κατέδαρθεν ὥστε μηδὲ ὄναρ ἰδεῖν, καὶ τὰς ἄλλας νύκτας τε καὶ ἡμέρας τὰς τοῦ βίου τοῦ ἑαυτοῦ ἀντιπαραθέντα ταύτῃ τῇ νυκτὶ δέοι σκεψάμενον εἰπεῖν πόσας ἄμεινον καὶ ἥδιον ἡμέρας καὶ νύκτας ταύτης τῆς νυκτὸς βεβίωκεν ἐν τῷ ἑαυτοῦ βίῳ, οἶμαι ἂν μὴ ὅτι ἰδιώτην τινά, ἀλλὰ τὸν μέγαν βασιλέα εὐαριθμήτους ἄν εὑρεῖν αὐτὸν ταύτας πρὸς τὰς ἄλλας ἡμέρας καὶ νύκτας.[我会认为，如果一个人必须从中选出他于其中如此熟睡以至于没有发现任何梦的这种夜晚，并且必须把他自己一生中的其他日日夜夜同这种夜晚相比较，经过思考后说，在他一生中他曾有多少个日日夜夜比这种夜晚活得更好和更愉快，那么我会认为，不仅一个普通人，而且〈波斯〉大王本人也会发现同其他的日日夜夜相比，这种夜晚是屈指可数的。]

16　ἐν παντὶ τῷ βίῳ[在整个一生中]，究竟指谁的整个一生，在这里似乎并无明确的指向。仅从字面上看，好像既可以指说话者克里同本人的整个一生，也

17 τρόπος[方式/生活方式]也具有"性情""性格"的意思。
18 σε... ηὐδαιμόνισα τοῦ τρόπου 是一个整体。εὐδαιμονίζω[可称幸福]跟属格，表因为什么、在哪方面可称幸福，所以后面出现的是属格 τοῦ τρόπου[方式]。
19 ὡς 在这儿等于 ὅτι οὕτως，故译为"因为……如此"。
20 苏格拉底此时已经七十岁了。参见《苏格拉底的申辩》（17d2-3）：νῦν ἐγὼ πρῶτον ἐπὶ δικαστήριον ἀναβέβηκα, ἔτη γεγονὼς ἑβδομήκοντα.[我已经七十岁了，现在第一次上法庭。]
21 形容词 πλημμελής 由前缀 πλήν[除/除……之外]和名词 μέλος[曲调]构成，本意是"弹错曲调的"，这里根据上下文意译为"不得体的"。此外，整个这句话也可以译为："克里同啊，一个是这把年纪的人，如果现在必须得死，却对之感到懊恼，这肯定会是不得体的。"
22 这句话直译当为："其他这个年纪的人也会在这类厄运中被逮住。"
23 动词 ἀγανακτέω[懊恼，恼怒]后面跟事情，要求与格，即"对……感到懊恼""恼怒……"，所以后面出现的是与格 τῇ παρούσῃ τύχῃ[临头的命运]。
24 ἐν τοῖς βαρύτατα[最为沉重地]是一个整体。βαρύτατα 是形容词 βαρύς[沉重的]的中性复数最高级，作副词使用，拉丁文将之译为 gravissime；而 ἐν τοῖς 在形容词最高级前面起限定作用，一种看法认为是加强，一种看法则认为进行缓和。
25 德罗斯是雅典东南部的一个岛屿。在希腊神话中，它是太阳神阿波罗的出生地。根据柏拉图《斐洞》（58b）中的说法，雅典人每年都会派觐神团乘船到德罗斯岛上的阿波罗神庙朝圣，向阿波罗表示感谢。在这期间，城邦必须保持洁净，死刑这类事情不得执行，直到该船返回。这次船出发的时间，刚好在苏格拉底接受审判的前一天，所以当苏格拉底被判死刑后，他能够在狱中度过较长的时间，大约三十天左右。
26 οὗ... ἀφικομένου 是一个整体，οὗ 指代 πλοῖον[船]，在语法现象上是分词作独立属格使用。
27 副词 οὔτοι 即 οὔ τοι，意思是"真的没有""当然没有""确实没有"。τοι 是个小品词，源自 σύ[你]的单数与格，本意是"让我告诉你"，转义为"真的""的确"。
28 苏尼翁是阿提卡南端的海岬，位于雅典的东南部，离雅典大概有三十英里；从德罗斯回来的船必须得绕过该海岬而抵达雅典的海港珀赖欧斯（Πειραιεύς，也译为比雷埃夫斯），所以有时风浪大时，一些人就会在此上岸，走陆路提前回雅典。参见荷马《奥德修斯》（3.278）：ἀλλ' ὅτε Σούνιον ἱρὸν ἀφικόμεθ', ἄκρον Ἀθηνέων.[但当我们到达神圣的苏尼翁、雅典的海岬时。]

29 即在苏尼翁下船，走陆路提前回雅典。

30 希腊文方括号中的 τῶν ἀγγέλων[报信人]，伯内特认为是窜入，但法国布德本希腊文保留了该词；新的牛津校勘本也去掉了方括号，直接保留了该词，我的翻译从之。

31 τύχη ἀγαθή 的本意是"好运"，但其与格表达 τύχῃ ἀγαθῇ 是固定用法，意思是"太好了"。

32 ταύτῃ 是副词，意思是"这样地"。

33 这里的否定词 οὐ 限定动词 οἶμαι[我认为]，而不是限定动词不定式 ἥξειν[会到/将到]；因为如果是限定动词不定式 ἥξειν 的话，那么根据古希腊文语法当用否定词 μή，而不是 οὐ。

34 动词 τεκμαίρομαι 的本意就是"从某种迹象断定"，其名词 τέκμαρ 就是"迹象""征兆""示意"的意思。

35 τῇ ὑστεραίᾳ ἤ ᾖ... 是一个整体，补全当为 τῇ ὑστεραίᾳ ἤ ἐκείνη ἡ ἡμέρα ᾖ...。形容词 ὑστεραῖος 的阴性与格单数 τῇ ὑστεραίᾳ 作副词使用，意思是"在第二天"。

36 οἱ τούτων κύριοι[那些对这类事情有决定权的人]也可以译为"那些主管这类事情的人"。这里当指 οἱ ἕνδεκα[十一人团]，他们负责治安巡逻、监禁、行刑等事务；通过抽签从公民中产生，成员并不固定。参见《苏格拉底的申辩》（37c1-2）：καί τί με δεῖ ζῆν ἐν δεσμωτηρίῳ, δουλεύοντα τῇ ἀεὶ καθισταμένῃ ἀρχῇ, τοῖς ἕνδεκα;[但我为什么应在监狱中生活，给每次被任命的当权者、即十一人团当奴隶？]亚里士多德《雅典政制》（52.1）：Καθιστᾶσι δὲ καὶ τοὺς ἕνδεκα κλήρῳ, τοὺς ἐπιμελησομένους τῶν ἐν τῷ δεσμωτηρίῳ.[十一人团通过抽签被任命出来看管监狱中那些人。]

37 τῆς ἐπιούσης ἡμέρας[在正来临的这天/在即将到来的这天]是一个整体，动词 ἔπειμι 的本意就是"来临""来到"。由于这时苏格拉底和克里同的谈话还在黎明之前，而日出之后才算新的一天开始，所以苏格拉底才会说 τῆς ἐπιούσης ἡμέρας[在正来临的这天/在即将到来的这天]。

38 既然此时苏格拉底和克里同的谈话发生在黎明前，那么 ὀλίγον πρότερον[一小会儿前]当指这个晚上的午夜之后。根据当时人们的看法，午夜前做的梦被视为假的，而午夜后所做的梦则被视为真的。

39 ἐν καιρῷ τινι[适逢其时/合时宜]是固定表达。名词 καιρός 的本意是"适当"，就时间来说指"时机"，即"善"在"时间"中的表现。参见亚里士多德《尼各马可伦理学》(1096a23-27): ἔτι δ᾽ ἐπεὶ τἀγαθὸν ἰσαχῶς λέγεται τῷ ὄντι (καὶ γὰρ ἐν τῷ τί λέγεται, οἶον ὁ θεὸς καὶ ὁ νοῦς, καὶ ἐν τῷ ποιῷ αἱ ἀρεταί, καὶ ἐν τῷ ποσῷ τὸ μέτριον, καὶ ἐν τῷ πρός τι τὸ χρήσιμον, καὶ ἐν χρόνῳ καιρός, καὶ ἐν τόπῳ δίαιτα καὶ ἕτερα τοιαῦτα).[此外,"是"以多少种方式被言说,"善"也就以多少种方式被言说(因为,它能够在"某个"的意义上被说,如神和努斯;能够在"质"的意义上被说,如诸德性;能够在"量"的意义上被说,如适度;能够在"相对物"的意义上被说,如用途;能够在"时间"的意义上被说,如时机;能够在"地点"的意义上被说,如居处;以及诸如此类的等等)。]

40 形容词 εὐειδής 的本意是"面容姣好的""标致的",这里根据上下文译为"端庄的"。此外,这位"美丽端庄、身穿白衣的女子"有可能指命运女神,参见《斐洞》(115a3): ὡς πορευσόμενος ὅταν ἡ εἱμαρμένη καλῇ.[一旦命运召唤〈我〉就启程。]

41 佛提亚是阿喀琉斯的出生地。这句话出自《伊利亚特》(9.363),但柏拉图把动词的第一人称单数改为了第二人称单数。当阿喀琉斯拒绝阿伽门农为了让他重新参战而送给他的礼物时,他说道: ἤματί κε τριτάτῳ Φθίην ἐρίβωλον ἱκοίμην.[第三天我就会到达非常肥沃的佛提亚。]在这里之所以这样说,暗指苏格拉底将死去,两天后"回家"。

42 法国布德本希腊文也作 Ἄτοπον τὸ ἐνύπνιον[梦是奇怪的/奇怪的梦],但新的牛津校勘本将之改为 Ὡς ἄτοπον τὸ ἐνύπνιον,我的翻译从新的牛津校勘本。

43 参见《苏格拉底的申辩》(33c4-7): ἐμοὶ δὲ τοῦτο, ὡς ἐγώ φημι, προστέτακται ὑπὸ τοῦ θεοῦ πράττειν καὶ ἐκ μαντείων καὶ ἐξ ἐνυπνίων καὶ παντὶ τρόπῳ ᾧπέρ τίς ποτε καὶ ἄλλη θεία μοῖρα ἀνθρώπῳ καὶ ὁτιοῦν προσέταξε πράττειν.[但如我所说,我是被神通过一些神谕和通过一些托梦,以及用所有〈其他的〉方式——通过它们任何其他神圣的定命曾命令一个人做某种事情——所命令而做这件事的。]

44 δαιμόνιε 是 δαιμόνιος 的呼格,不过在这里乃是作为一般口语表达,而不是作为同苏格拉底那著名的 δαίμων[精灵]相联系的 δαιμόνιος[精灵的,属于精灵]来理解。δαιμόνιος 在口语中作呼格使用时,既可表褒义,也可表贬义。在荷马史诗中褒义指"神保佑的人",贬义则指"神谴责的人";在阿提卡口语中,褒义指"我的好人!"贬义则指"倒霉蛋!""可怜的人!"我这里有意偏中性地将之译为"非凡的"。

45 ἔτι δέ 是词组,本意是"更""更何况",这里简单译为"还会"。

46 ἡμῶν προθυμουμένων 是独立属格;动词 προθυμέομαι 的意思是"一心要

做……""极想做……",所以这里将之译为"即使我们一心在促成〈这件事〉"。

47 μέλω 的本意是"关心""照料",这儿根据上下文译为"在乎"。此外,它常作无人称动词使用,实际主语用与格,而所关心的对象用属格;所以 ἡμῖν... τῆς τῶν πολλῶν δόξης μέλει 是一个整体。

48 ἐπιεικέστατοι 是形容词 ἐπιεικής 的最高级复数,ἐπιεικής 本意是"合适的""正直的""能干的",这里根据上下文将之译为"优秀的"。参见《苏格拉底的申辩》(22a3-6):οἱ μὲν μάλιστα εὐδοκιμοῦντες ἔδοξάν μοι ὀλίγου δεῖν τοῦ πλείστου ἐνδεεῖς εἶναι ζητοῦντι κατὰ τὸν θεόν, ἄλλοι δὲ δοκοῦντες φαυλότεροι ἐπιεικέστεροι εἶναι ἄνδρες πρὸς τὸ φρονίμως ἔχειν.[通过按照神〈的旨意〉进行探寻,在我看来那些最有名声的人却几乎是欠缺最多的,而另外那些看起来比较一般的,就是明智的而言却是更为能干的人。]

49 动词 φροντίζω[考虑]要求属格,意思是"把……放在心上""担心……",所以前面出现的是属格 ὧν[他们]。

50 参见《苏格拉底的申辩》(18d2-4):ὅσοι δὲ φθόνῳ καὶ διαβολῇ χρώμενοι ὑμᾶς ἀνέπειθον – οἱ δὲ καὶ αὐτοὶ πεπεισμένοι ἄλλους πείθοντες – οὗτοι πάντες ἀπορώτατοί εἰσιν.[如此多的人用嫉妒和诽谤来诱劝你们,而一些自己已经被说服了的人则又去说服其他人;所有这些人都是最难对付的。]

51 动词 ὀφείλω 的本意是"应该",但 εἰ γὰρ ὤφελον 是一个整体,相当于拉丁文的 utinam[但愿 / 如能……才好];该表达常用来表示希望某事发生而迄今尚未发生。

52 οἱοί τ᾽ εἶναι 是固定用法,意思是"能够""有能力""是可能的"。

53 连词 ἵνα 的本意是"以便",这儿根据上下文,尤其鉴于词组 οἱοί τ᾽ ἦσαν[他们已经有能力 / 他们已经是能够的]的过去时态,将之译为"由此一来"。

54 ἔχω 加副词,等于 εἰμί 加相应的形容词;所以 καλῶς ἂν εἶχεν 等于 καλὸς ἂν ἦν。

55 φρόνιμον 和 ἄφρονα 在这里均为形容词的阳性单数宾格;当然,这句话也可以转译为:"因为他们既不能够使一个人是明智的,也不能够使一个人是不明智的。"此外,基于形容词 ἄφρων 的褫夺性前缀 ἀ 以及其词干 φρων 同形容词 φρόνιμος[明智的]的关联,我这里有意直接将之译为"不明智的",而没有译为"愚蠢的"。

56 对这句话的理解和翻译存在着巨大的分歧。法国布德本希腊文 ὅτι 作 ὅ τι,但新的牛津校勘本仍然作 ὅτι。ὅτι 是连接词,相当于拉丁文的 quod,在主句后面引出宾语从句或表原因的从句;而 ὅ τι 则是关系代词,意思是"无论什么东西"，引导定语从句。因此，如果作 ὅ τι，那么这句话也可以译为："相反，他们只做他们碰巧〈做〉的那种事情。"

57 ταῦτα 是源自指示代词 οὗτος 的副词，意思是"因此""那么"。

58 ἐχέτω 是 ἔχω 的现在时第三人称单数命令式，这句话也可以意译为："那么就随〈他们〉去吧！"

59 συκοφάντης[告密者] 由名词 σῦκον[无花果] 和动词 φαίνω[揭露] 构成，本意是向雅典当局揭发某人从阿提卡私运无花果出口的人，后来泛指告密者、诬告者，或靠告密进行勒索敲诈的人。

60 ἔασον αὐτὸ χαίρειν 是一个整体。动词 ἐάω 的本意是"允许""让""听任"，而动词 χαίρω 的本意是"喜悦""满意"；由这两个词所构成的词组 ἐᾶν χαίρειν 的意思是"由它去"，而 ἐᾶν χαίρειν τινά / τι 的意思是"不把某人或某事放在心上"。

61 形容词 δίκαιος 的本意是"正当的""正义的"，但 δίκαιοί ἐσμεν[我们理应] 是一个整体，后面跟不定式，意思是"我们理应……""我们有权……"。参见《苏格拉底的申辩》（18a7-b1）：Πρῶτον μὲν οὖν δίκαιός εἰμι ἀπολογήσασθαι, ὦ ἄνδρες Ἀθηναῖοι, πρὸς τὰ πρῶτά μου ψευδῆ κατηγορημένα καὶ τοὺς πρώτους κατηγόρους, ἔπειτα δὲ πρὸς τὰ ὕστερον καὶ τοὺς ὑστέρους.[因此，诸位雅典人啊，我理应首先针对那些对我的最初的虚假指控和那些最初的指控者进行申辩，然后再针对较晚进行的那些指控和那些较晚的指控者进行申辩。]

62 μὴ ἄλλως ποίει 的字面意思是"请不要做别的"，但作为口语，意思是"请不要拒绝""请不要说不"。

63 动词 προμηθέομαι 的本意是"预先担心""预先关心"，这里简单将之译为"顾及"。

64 τἀργύριόν...ὁ...λαβόντες 是一个整体，即苏格拉底的朋友们为了挽救他作为交换而花的银子，数目不大。关于这句话的理解和翻译都存在着歧义，也即是说，这里拿钱的人究竟是在指"拿出钱"的"行贿者"，还是"拿到钱"的"受贿者"；但从下面这句话看，我认为当指前者。

65 形容词 εὐτελής 的本意就是"廉价的""便宜的"，但修饰人时，也转义为"卑贱的""低劣的"。

66 ὑπάρχω 除了具有"开始"的意思之外，跟与格表"属于某人""在某人的支配下"；因此这句话也可以译为："而我的钱都属于你。"

67 τι ἐμοῦ κηδόμενος[因对我有所关心]，动词 κήδω[关心] 要求属格作宾语，所以出现的是属格 ἐμοῦ[我]。

68 ἐπ' αὐτὸ τοῦτο［就为此］，αὐτό 在这里表强调，当然也可以将之译为"为了这本身"。

69 西米阿斯和刻贝斯都是忒拜人，两人也都是苏格拉底的朋友，但属于毕达哥拉斯学派。参见《斐洞》（59c, 61d7）。

70 动词 ἀποκάμνω 的本意是"疲倦""气馁"，跟不定式则指"停止做……""放弃做……""犹豫做……"因此，这句话也可以译为"既不要因担心这些而停止救你自己"或"既不要因担心这些而犹豫救你自己"。

71 δυσχερές σοι γενέσθω［不应对你成为困扰］也可以译为"不应成为你的困扰"或"不应拖累你"。γενέσθω 是 γίγνομαι 的一次性过去时的命令式第三人称单数，其主语是 ὃ ἔλεγες ἐν τῷ δικαστηρίῳ［你在法庭上曾说的话］。

72 动词 ἔχω 的基本意思是"有""拥有"，但也转义为"理解""意味着"，这里根据上下文将之译为"知道"。

73 动词 χράω 中动态跟与格作宾语的意思是"利用""使用""对待"。参见《苏格拉底的申辩》（37d4-e2）：καλὸς οὖν ἄν μοι ὁ βίος εἴη ἐξελθόντι τηλικῷδε ἀνθρώπῳ ἄλλην ἐξ ἄλλης πόλεως ἀμειβομένῳ καὶ ἐξελαυνομένῳ ζῆν. εὖ γὰρ οἶδ' ὅτι ὅποι ἂν ἔλθω, λέγοντος ἐμοῦ ἀκροάσονται οἱ νέοι ὥσπερ ἐνθάδε· κἂν μὲν τούτους ἀπελαύνω, οὗτοί με αὐτοὶ ἐξελῶσι πείθοντες τοὺς πρεσβυτέρους· ἐὰν δὲ μὴ ἀπελαύνω, οἱ τούτων πατέρες δὲ καὶ οἰκεῖοι δι' αὐτοὺς τούτους.［对于我这把年纪的人来说，离开一个城邦前往另一个城邦，四处漂泊和被驱赶，那一生可真是活得好啊！因为我很清楚，无论我去哪儿，年青人都会像这里一样听我讲话。并且如果我赶这些人走，那他们自己就会通过劝说老人们而赶我走；但如果我不赶他们走，那么他们的父亲和有亲属关系的人也会为了他们而赶我走。］

74 Θετταλία 也拼作 Θεσσαλία，故也译为帖撒利亚。它是位于希腊北部的一个地区。

75 ποιήσονται 是动词 ποιέω 的将来时中动态第三人称复数；ποιέω 的本意是"做""制造"，但其中动态则具有"视为""认作"的意思，所以把 σε περὶ πολλοῦ ποιήσονται 译为"会非常看重你"，当然也可以译为"会非常尊敬你"或"会非常重视你"等。

76 τῶν κατὰ Θετταλίαν［在整个忒塔利亚人那儿］是一个整体。介词 κατά 跟表地点的名词的宾格，意思是"遍及"，例如：καθ' Ἑλλάδα［遍及希腊］。

77 σαυτὸν προδοῦναι［自暴自弃］也可以简单译为"放弃自己"。

78 τοιαῦτα σπεύδεις... γενέσθαι［你急于这些事情发生］是一个整体；动词 σπεύδω［急于/渴望］后面跟宾格，再跟不定式，这是固定用法。这句话可以译为："并且你渴望发生在你自己身上的这些事情，它们也正是你的敌人们会渴望的，并且他们想〈尽各种办法〉，一直都在渴望毁灭你。"

79 参见《苏格拉底的申辩》（34d3-7）：λέγων ὅτι "Ἐμοί, ὦ ἄριστε, εἰσὶν μέν πού τινες καὶ οἰκεῖοι· καὶ γὰρ τοῦτο αὐτὸ τὸ τοῦ Ὁμήρου, οὐδ' ἐγὼ 'ἀπὸ δρυὸς οὐδ' ἀπὸ πέτρης' πέφυκα ἀλλ' ἐξ ἀνθρώπων, ὥστε καὶ οἰκεῖοί μοί εἰσι καὶ ὑεῖς γε, ὦ ἄνδρες Ἀθηναῖοι, τρεῖς, εἷς μὲν μειράκιον ἤδη, δύο δὲ παιδία· ἀλλ' ὅμως οὐδένα αὐτῶν δεῦρο ἀναβιβασάμενος δεήσομαι ὑμῶν ἀποψηφίσασθαι."［我说："最好的人啊，我肯定也有一些亲属；而这就是荷马所说的，我不是'由树木和岩石'所生，而是由人所生，因此我也有一些亲属和儿子，诸位雅典人啊，而且还是三个，一个已经是年青人，而另外两个还是孩童。然而，我不会通过把他们中任何一个带到这儿来恳求你们投票赦免我。"］另外，参见《斐洞》（116b1-2）：δύο γὰρ αὐτῷ ὑεῖς σμικροὶ ἦσαν, εἷς δὲ μέγας.［因为他有两个小儿子，一个大儿子。］

80 τὸ σὸν μέρος 是固定表达，μέρος 的本意是"部分""应得的一份"，而 τὸ σὸν μέρος 的意思就是"至于你""就你来说"。

81 动词 τυγχάνω［碰到/遇见］跟表有生命的物的名词要求宾格，而跟表无生命物的名词则要求属格，所以后面出现的是属格复数 τοιούτων。

82 参见《苏格拉底的申辩》（30b2-4）：λέγων ὅτι 'Οὐκ ἐκ χρημάτων ἀρετὴ γίγνεται, ἀλλ' ἐξ ἀρετῆς χρήματα καὶ τὰ ἄλλα ἀγαθὰ τοῖς ἀνθρώποις ἅπαντα καὶ ἰδίᾳ καὶ δημοσίᾳ.'［我说："德性不来自钱财，相反，钱财和所有其他的东西都基于德性才对人成为好的——无论是在私人方面还是在公共方面。"］

83 也即是说，按照当时雅典的法律，苏格拉底本可以避免出庭受审，即在审判前就离开雅典，而这也是控告苏格拉底的主谋阿尼托斯本人所希望的。参见《苏格拉底的申辩》（29c1-3）：ὃς ἔφη ἢ τὴν ἀρχὴν οὐ δεῖν ἐμὲ δεῦρο εἰσελθεῖν ἤ, ἐπειδὴ εἰσῆλθον, οὐχ οἷόν τ' εἶναι τὸ μὴ ἀποκτεῖναί με.［他已经说了，要么我根本就不应出庭，要么既然我已经来了，那就不可能不处死我。］

84 ὁ ἀγὼν τῆς δίκης［案子的控辩］在这里也可以意译为"法庭上的控辩"。ἀγών 本意指"集会""运动会""竞赛"，转义为"战斗""打官司""诉讼"。在希腊人看来，官司（δίκη）就是原告和被告之间的"竞技"，就是原告（ὁ διώκων）"追逐"（διώκω）被告，力争"逮住"他而取胜；而被告（ὁ φεύγων）竭力"逃跑"（φεύγω），避免"被逮住"。有鉴于此，这里将 ἀγών 译为"控辩"。

85 根据当时雅典的法律，当定罪之后，首先由原告提出被告该受何种惩罚，然后由被告提出"相反的量刑"（ἀντιτίμησις），即愿意接受的"较小的惩罚"，最后由法庭投票决定采用其中的哪一种。因此，这里指的是面对原告提出要判苏格拉底死刑，苏格拉底本可以提出"相反的量刑"，但他提出的愿意接受的"惩罚"让人感觉到完全是在藐视法庭。参见《苏格拉底的申辩》(36b3-37a1)：Τιμᾶται δ' οὖν μοι ὁ ἀνὴρ θανάτου. εἶεν· ἐγὼ δὲ δὴ τίνος ὑμῖν ἀντιτιμήσομαι, ὦ ἄνδρες Ἀθηναῖοι; ἢ δῆλον ὅτι τῆς ἀξίας; τί οὖν; τί ἄξιός εἰμι παθεῖν ἢ ἀποτεῖσαι, ... ἀγαθόν τι, ὦ ἄνδρες Ἀθηναῖοι, εἰ δεῖ γε κατὰ τὴν ἀξίαν τῇ ἀληθείᾳ τιμᾶσθαι· καὶ ταῦτά γε ἀγαθὸν τοιοῦτον ὅτι ἂν πρέποι ἐμοί. τί οὖν πρέπει ἀνδρὶ πένητι εὐεργέτῃ δεομένῳ ἄγειν σχολὴν ἐπὶ τῇ ὑμετέρᾳ παρακελεύσει; οὐκ ἔσθ' ὅτι μᾶλλον, ὦ ἄνδρες Ἀθηναῖοι, πρέπει οὕτως ὡς τὸν τοιοῦτον ἄνδρα ἐν πρυτανείῳ σιτεῖσθαι, ... εἰ οὖν δεῖ με κατὰ τὸ δίκαιον τῆς ἀξίας τιμᾶσθαι, τούτου τιμῶμαι, ἐν πρυτανείῳ σιτήσεως.［但这人却提出判我死刑。好吧，诸位雅典人啊，但我究竟应向你们提出什么相反的量刑呢？莫非显然是〈我的〉应得之份？那它是什么？我应遭受或付出什么？……诸位雅典人啊，如果真的必须按照应得之份来提出惩罚的话，〈那肯定是〉某种好的东西，而且是适合于我的那样一种好东西。那么，什么是适合于一位穷人、一位需要有闲暇来劝告你们的恩人呢？诸位雅典人啊，对于这样一个人没有什么会比下面这点是更适合的了，那就是在主席厅进餐。……因此，如果我必须正当地提出应得的惩罚，那我就提出这个：主席厅的公膳。］

86　κατάγελως τῆς πράξεως［一出可笑的结局］是一个整体。名词 κατάγελως 的意思是"可笑的事""荒诞"，而属格 τῆς πράξεως［事情的结局］在这儿作同位语使用。

87　διαπεφευγέναι ἡμᾶς［让我们错失了机会］，直译当为"我们逃避了"。

88　μὴ ἅμα τῷ κακῷ［不仅是恶的］是一个整体，也可以译为"除了是恶的之外"。ἅμα 作为副词，意思是"同时""一起"；作为介词则要求与格，意思是"和……一起""和……一同"。

89　βουλεύου 是动词 βουλεύω 的中动态的第二人称单数命令式；βουλεύω 的本意是"建议""提意见"，但其中动态的意思则是"自己考虑""自己决定"。

90　προθυμία 除了具有"热心"的意思之外，也有"善意""好意"的意思。

91　πολλοῦ ἀξία［所值甚多］，当然也可以意译为"非常可贵"。

92　名词 ὀρθότης 的本意是"笔直""直立"，转义为"正确（性）""准确（性）"。

93　οὐ νῦν πρῶτον［不是现在才第一次］，法国布德本希腊文作 οὐ μόνον νῦν［不仅现在］，但新的牛津校勘本仍然作 οὐ νῦν πρῶτον。

94　λογίζομαι 的本意是"计算""推论"，也具有"考虑"的意思；这里根据上下文将之译为"认真掂量"。

95 动词 πείθω［听从／服从］要求与格作宾语，所以这里出现的是 μηδενὶ ἄλλῳ 和 τῷ λόγῳ；而 μηδενὶ ἄλλῳ... ἢ τῷ λόγῳ 是一个整体，即"没有其他任何东西……除了道理"。

96 τοὺς δὴ λόγους οὓς ἐν τῷ ἔμπροσθεν ἔλεγον［我以前曾说过的那些实实在在的道理］。小词 δὴ 在法国布德本希腊文中作 δὲ，而牛津新的校勘本仍然作 δὴ。如果作 δὲ，那么这句话就当译为"而我以前曾说过的那些道理"。

97 名词 τύχη［命运］来自动词 τυγχάνω［恰好／碰巧］，本意是"偶然发生的事情"或"碰巧获得的东西"。

98 动词 μορμολύττομαι［吓唬］的词干是 Μορμώ，即用来吓唬小孩的一种女妖怪。

99 ἐπιπέμπω 的本意是"派遣""送去"，这里根据上下文译为"处以"。

100 μετριώτατα［最合理地］也可以译为"最恰当地"。

101 ἀναλαμβάνω 的基本意思是"拿起"，但也具有"重获""恢复"的意思；因此根据上下文这里将之译为"重新拾起"。

102 καλῶς ἐλέγετο［说得很好］，在这里也可以意译为"在正确地说"。

103 προσέχειν τὸν νοῦν 是词组，意思是"重视""注意"。

104 副词 ἄλλως 也具有"无目的""枉然""白费"等意思；因此整个这句话也可以译为："而现在它却显然变成了无目的地为了说话而说话。"

105 ὡς ἀληθῶς［其实］是固定表达，其意思相当于 τῷ ὄντι 或 τῇ ἀληθείᾳ。

106 κοινῇ 是由形容词 κοινός［共同的］的阴性与格派生而来的副词，即"共同地""一致地"。

107 χαίρω 的本意是"高兴""满意"，但用于不定式指"道别"；当然在这儿也可以进一步转译为"放弃"。

108 τὶ λέγειν［说出了某种东西］在这儿也可以意译为"说出了某种道理"或"说出了某种值得说的东西"。

109 苏格拉底这里是在顺着克里同说话。根据前面（43d2 以下）的谈话，苏格拉底认为船在天亮后第二天才到，而他会在谈话后的第三天死去；但克里同却认为船天亮后就会到，第二天苏格拉底就得死。

110 παρακρούω 的词干是 κρούω［弹奏］，其本意是"弹错调子""走调"，转译为"误导""引入歧途""欺骗"等。

111 法国布德本希腊文这里的破折号作冒号，新的牛津校勘本也改为了冒号，从之。

112 φέρω 本是动词，表"携带""带到"等，用命令式时，作副词使用，意味"来吧""来呀""好吧"；φέρε δή 是一个整体，等于 ἄγε δή。

113 动词 ἀσπάζομαι 的本意是"欢迎""拥抱""感到高兴",这里简单将之译为"接受"。

114 当回答是肯定的时,副词 οὐκοῦν 的否定含义消失,只存在 οὖν 的意义;所以这里断句用句号而不用问号是成立的。

115 καὶ γυμναστέον καὶ ἐδεστέον γε καὶ ποτέον[必须锻炼的、必须吃的以及必须喝的]当是对 πρακτέον[必须做的]的解释或举例。

116 伯内特认为希腊文方括号中的 λόγους[说法]是窜入,法国布德本希腊文则保留了该词,而新的牛津校勘本直接将该词删去;我这里的翻译从新的牛津校勘本。

117 动词 τείνω 的本意是"伸展""铺展开",喻为"涉及""关系到"。

118 δίειμι 的本意是"经过",转义为"讨论""述说";因此,这句话也可以按字面意思直接译为:"我们无需遍历它们全部"或"我们就可以不遍历它们全部"。

119 即与身体相对的灵魂。

120 ἔστι δέ που τοῦτο σῶμα[而这种东西就是身体],其中 σῶμα 在法国布德本希腊文中作 τὸ σῶμα,即带有定冠词 τό;但新的牛津校勘本仍然作 σῶμα。

121 αὐτὴ ἡ ἀλήθεια[真本身]在这里当然也可以译为"真理本身"。

122 ἀποκτεινύναι,在法国布德本希腊文中作 ἀποκτιννύναι,但意思一样,即"杀死"。ἀποκτεινύναι 是动词 ἀποκτείνω 的现在时不定式,而 ἀποκτιννύναι 则是动词 ἀποκτίννυμι 的现在时不定式。

123 法国布德本希腊文把 ἀληθῆ λέγεις[你说得对]置于了下一行苏格拉底说话的开始,新的牛津校勘本也改为了这样,从之。

124 περὶ πλείστου 是词组,本意是"最重要的""最有价值的"。ὅτι οὐ τὸ ζῆν περὶ πλείστου ποιητέον ἀλλὰ τὸ εὖ ζῆν[最为应该做的,不是活着,而是活得美好],这句话也可以译为:"最为应该做的,不是活着,而是美好地活着。"

125 Τὸ δὲ εὖ καὶ καλῶς καὶ δικαίως ὅτι ταὐτόν ἐστιν[而活得美好同活得高贵和活得正当是一回事],这句话也可以译为:"而美好地〈活着〉同高贵地〈活着〉和正当地〈活着〉是一回事。"

126 μὴ ἀφιέντων Ἀθηναίων[未经雅典人的赦免]是独立属格,也可以译为"在雅典人没有赦免的情况下"或"在雅典人不容许的情况下"。

127 ἐῶμεν[我们就该放弃]在这里也可以译为:"我们就由它去"或"我们就听之任之"。

128 ἀνάλωσις χρημάτων[花钱]也可以直接译为"钱财的耗费"。

129 οὐδενὶ ξὺν νῷ[毫无理智可言]是一个整体,也可以译为:"不站在理智一边。" ξὺν 即 σύν，跟与格，表"和……在一起""带有"等意思。

130 这句话也可以译为："既然道理如此证明了。"

131 χρήματα τελοῦντες 本意是"花费钱财"，这里根据上下文译为"行贿"。

132 καὶ αὐτοὶ ἐξάγοντές τε καὶ ἐξαγόμενοι[无论是就那些援救者本人来说，还是就那些被援助者来说]，这是意译；直译当为"无论是就那些带走人的人自己来说，还是就那些被带走的人来说"。

133 这句话也可以译为："而且假如在做它们时我们显得是不正当的。"

134 παραμένοντας καὶ ἡσυχίαν ἄγοντας[留下来静候]，直译当为"留下来并保持安静"。

135 整个这句话也可以译为："而且假如我们看起来是在不正当地做它们，那么，在行不义面前就既不应考虑是否留下来静候就必须得死，也不应考虑是否必须遭受其他某种东西"或者"而且假如我们看起来是在不正当地做它们，那么，除了行不义，就既不应考虑是否留下来静候就必须得死，也不应考虑是否必须遭受其他某种东西。"

136 ἔχεις ἀντιλέγειν[你有异议]，也可以译为"你能够进行反驳"。

137 形容词 ἄκων 的本意是"不情愿的""勉强的"，转义为"违背某人意愿的"。

138 ταῦτα πράττειν[做这些事情]在这里也可以译为"这样做"。

139 περὶ πολλοῦ ποιεῖσθαι 是固定表达，意思是"把某事看到很重要"。

140 ἱκανῶς λέγηται[被充分地说了]也可以译为"被合适地说了"。

141 ᾗ μάλιστα[尽可能]是一个整体，ᾗ 是由关系代词 ὅς, ἥ, ὅ 阴性与格派生而来副词，后面接最高级副词；ᾗ μάλιστα 等于 ὡς μάλιστα。

142 ἀδικητέον εἶναι 是一个整体，ἀδικητέον 是 ἀδικέω 的动词形容词，意思是"应行不义的"或"应犯错误的"。

143 τρόπῳ τινί[在有的方面]也可以译为"以某种方式"。

144 καλός[美好的]在这里也可以译为"高贵的"。

145 伯内特认为前面希腊文方括号中的 ὅπερ καὶ ἄρτι ἐλέγετο[刚才所说的]有可能是窜入，法国布德本希腊文没有这句话，新的牛津校勘本也直接删去了这句话；从之。

146 伯内特认为希腊文方括号中的 γέροντες[老人]有可能是窜入，法国布德本希腊文则有该词，而新的牛津校勘本却直接删去了该词；我的翻译从新的牛津本。此外，克里同不仅和苏格拉底是同乡，而且同岁，所以苏格拉底才会说"〈我们〉这个年纪的人"（τηλικοίδε ἄνδρες）。

147 名词 σπουδή[急忙、热切]的单数与格 σπουδῇ 作副词使用，意思是"用尽心思地""费苦心地"。

148 διαφέρω 除了具有"不同"的意思之外，也有"胜过"的意思；因此，αὐτοὺς παίδων οὐδὲν διαφέροντες [自己其实同孩童无异] 也可以译为"自己其实并不胜过孩童"。

149 παντὸς μᾶλλον 是固定搭配，意思是"必定""务必"。

150 φημί 的一般意思是"说"，但也具有"承认""相信"的意思。

151 καθομολογέω 的意思就是"同意""承认"；该词是在动词 ὁμολογέω [同意/承认] 前面加上了前缀 κατά [自上而下/逐渐]，所以在这里将之译为"逐渐同意"。

152 παρὰ δόξαν 的本意是"与意见向左""违背想法"，这里根据上下文意译为"违心地"。

153 ἀφίστημι 的本意是"站到一边""放到一边"，转义为"放弃"。这里根据上下文将之译为"持有不同的立场"，当然也可以进一步意译为"放弃〈这些看法〉"。

154 τὸ μετὰ τοῦτο [跟在其后面的东西]，即基于大家同意的前提而来的结论。介词 μετά 既可以跟属格，也可以跟与格和宾格，但意思有差异。跟属格，意味着"在……之间""凭借"；跟与格，意思是"和……在一起"；跟宾格，则意味着"跟在……后头"。这里的 τοῦτο [这] 是中性宾格，所以将 τὸ μετὰ τοῦτο 译为"跟在其后面的东西"。

155 动词 ἔχω 跟不定式，表"能够……"。

156 ἐν νῷ ἔχειν 是固定表达，相当于拉丁文的 in animo habere，意思是"打算""意欲""想要"；后面接不定式。

157 ἄλλο τι ἤ 是一个整体，引导疑问句，相当于拉丁文的 numquid alius quam 或 nonne [是不是、对不对]；如果在肯定句中则表"无疑"。

158 τὸ σὸν μέρος 的本意是"至于你""就你来说"，这里根据上下文译为"从你那方面"，当然也可以进一步意译为"就你所能地"。

159 ἰδιώτης 是由形容词 ἴδιος [自己的、个人的] 派生而来的名词，但意思比较丰富；除了泛指"普通人"和"平民"之外，如果同 στρατηγός [将军] 相对则表"士兵"，同 πόλις [城邦] 相对则指"个人"。

160 形容词 ἄκυρος 的本意是"无权威的"，在法律上专指判决不再生效。因此，这里也可以直接将之译为"丧失权威"。

161 ἄλλως τε καί 是固定表达，意思是"尤其""特别是"。

162 这里的"演说家"即"公共发言人"和"公共辩护人"；按照当时的规定，如果有人提议要废除哪条法律，就得指定一名公共辩护人来为该法律辩护。

163 ταῦτα [这/这些] 即前面的"因为城邦已经对我们行了不义，并且它们没有正确地审判案子"。也即是说，如果城邦对一个人行了不义，或者法律没有正确地审判案子，那么这个人就可以反过来背叛城邦和不遵守法律。

164 动词 φράζω 尽管后来也有"说"的意思，但它不同于单纯的"说"（λέγω），而是进行"说明""解释"。

165 动词 μέμφομαι[责怪、指责]跟双宾语，即"责怪某人某事"或"为了某事而责怪某事"，人要求与格，事情要求宾格；所以这里出现的是复数与格 τούτοις[这些]和 τοῖς νόμοις τοῖς περὶ τοὺς γάμους[关于婚姻的各种法律]，以及单数中性宾格 τι[什么]。

166 ἐξ ἴσου 是固定表达，意思是"平等地""同等地"。根据上下文以及这里的文法结构，我把 τὸ δίκαιον 译为"权利"，而不译为"正当"或"正当的东西"。

167 这句话也可以译为："以及我们尝试对你做什么事情，你就认为你有权反过来做那些事情。"或"以及我们尝试对你做什么事情，你就认为你有权报复那些事情。"

168 κακῶς ἀκούοντα[被痛斥]的本意是"听到骂人的话""听到坏话"或"听起来不中听"。

169 καθ' ὅσον 是固定表达，意思是"尽其所能地"。

170 ἐν μοίρᾳ 是固定表达。μοῖρα 本意指"应得的份额"，转义为"定命"；而 ἐν μοίρᾳ 的意思是"应得的敬意"。

171 θωπεύω 的本意是"奉承""谄媚""讨好"，这里根据上下文译为"抚慰"。

172 ἡσυχίαν ἄγειν 是词组，意思是"保持安静"，这里根据上下文将之译为副词"安安静静地"。

173 ᾗ 是由关系代词 ὅς, ἥ, ὅ 阴性与格派生而来的副词，意思是"向那儿""到那个地方"。这句话也可以译为："或者〈应该〉劝说它到正当的东西已经是天然的那个份上。"

174 在当时的雅典，凡担任公职的人，尤其是要担任诸如执政官这类重要公职的人，都必须接受各种考察，其中就包含对父母的态度。参见亚里士多德《雅典政制》（55. 3.2–7）：πρῶτον μὲν 'τίς σοι πατὴρ καὶ πόθεν τῶν δήμων, καὶ τίς πατρὸς πατήρ, καὶ τίς μήτηρ, καὶ τίς μητρὸς πατὴρ καὶ πόθεν τῶν δήμων'; ... ἔπειτα γονέας εἰ εὖ ποιεῖ.[首先〈要问〉："谁是你的父亲，他来自那个区，谁是你父亲的父亲，谁是你的母亲，谁是你母亲的父亲，他来自那个区？"……然后，是否善待父母。]

175 这句话也可以译为："是否我们在正确地说下面这点。"

176 οὐ δίκαια 在这里是一个整体，形容词 δίκαιος 的中性复数在这里可被视为副词，本意是"非正当地"，根据上下文和中文表达习惯，将之译为"无权"。
177 动词 δράω 后面跟表人的宾格，表"对……做"。
178 μεταδίδωμι τινί τινος 是固定表达，意思是"把某种东西给予某人""把某种东西分给某人"；其中人用与格，物用属格，所以这里出现的是复数属格 ἁπάντων... καλῶν [所有美好的东西]，以及与格 σοὶ καὶ τοῖς ἄλλοις πᾶσιν πολίταις [你和所有其他的公民]。
179 动词 προαγορεύω 除了具有"预先告知"的意思之外，还具有"公开宣布""发出公告"的意思。
180 τῷ ἐξουσίαν πεποιηκέναι 是一个整体，τῷ 是完成时不定式 πεποιηκέναι 的冠词，这里之所以使用与格，表示方法或手段，所以直译当为"通过已经允许……"ἐξουσία 的本意是"权限""权力"，而词组 ἐξουσίαν ποιεῖν 转义为"允许某人做某事"，人要求与格，所以后面出现的是 Ἀθηναίων τῷ βουλομένῳ [雅典人中任何怀有〈下面这种〉意愿的]。
181 动词 δοκιμάζω 的本意是"检验""通过经验认可"，其名词 δοκιμασία 除了具有一般"检验"的意思之外，还专指"对公民权的审查"，即对年满 18 岁的男性公民的身份审查和登记。
182 名词 ἀποικία [殖民/移民] 来自形容词 ἄποικος，而该词由前缀 ἀπό [远离] 和名词 οἶκος [家/家庭] 构成，本意是"远离家乡的"。
183 τἆλλα 即 τὰ ἄλλα，做副词使用，意思是"在其他方面"。
184 ὁμολογήσας ἡμῖν πείσεσθαι [即使同意了将服从我们]，其中的 πείσεσθαι [将服从] 法国布德本希腊文作 πείθεσθαι [服从]；但牛津新的校勘本仍然作 πείσεσθαι [将服从]。
185 动词 ἐνέχω 的本意是"保持""怀有"，但其被动态指"被捉住""被缠住"，进而转义为"遭受""屈从于"；而名词 αἰτία 除了具有"罪责"的意思之外，在法律上也表"指控""控告"。因此，这句话也可以译为："你也将遭受这些指控。"
186 ἐν τοῖς μάλιστα 是一个整体，意思是"最""最为"。
187 即 οἱ νόμοι [法律]。
188 ἐπὶ θεωρίαν 是固定表达；θεωρία 的本意是"景象"，转义为"理论"；但根据下文的描述，这里指当时在希腊举办的各种竞赛活动，所以将之译为"为了看赛会"。
189 伊斯特摩斯是联结伯罗奔尼撒半岛同希腊大陆的狭长地带，在那里有著名的伊斯特摩斯地岬，每两年的春季在此处举办运动大会。
190 苏格拉底作为士兵曾离开雅典在其他地方打过仗，参见《苏格拉底的申辩》

（28e1-4）: εἰ ὅτε μέν με οἱ ἄρχοντες ἔταττον, οὓς ὑμεῖς εἵλεσθε ἄρχειν μου, καὶ ἐν Ποτειδαίᾳ καὶ ἐν Ἀμφιπόλει καὶ ἐπὶ Δηλίῳ, τότε μὲν οὐ ἐκεῖνοι ἔταττον ἔμενον ὥσπερ καὶ ἄλλος τις καὶ ἐκινδύνευον ἀποθανεῖν. [当你们选举出来统帅我的那些统帅们给我布置任务时，无论是在波底达亚和安菲珀里斯，还是在德里翁附近，我都曾如其他任何人一样冒死坚守在了那些人所安排的位置上。]

191　οὐδ' ἐπιθυμία σε... ἔλαβεν[你未曾渴望过]，直译当为"没有任何渴望曾抓住过你"。

192　尽管动词 εἰδέναι 也具有"知道""了解"的意思，但这些都是转义，就词源来说其本意就是"看"；根据整个上下文，我在这里将之直译为"看看"。

193　καθ' ἡμᾶς πολιτεύσεσθαι[根据我们而成为一个公民]也可以译为："依照我们而作为公民生活在城邦中。"

194　τά τε ἄλλα καί 是固定结构，意思是"尤其还"。

195　σοι φυγῆς τιμήσασθαι[你被判放逐/对你提出放逐]是一个整体。动词 τιμάω 除了具有"尊重""敬重"的意思之外，其中动态在法律上指"对罪人提出应受的惩罚"。在语法上"罪人"用与格，所以这里出现的是与格 σοι；所提出的具体"惩罚"用宾格，而这里之所以出现的是属格 φυγῆς[放逐]，那是因为省掉了名词 δίκην[惩罚]。

196　ἑκούσης 后面省掉了 τῆς πόλεως；也即是说，ἀκούσης τῆς πόλεως[违背城邦的意愿]同 ἑκούσης τῆς πόλεως[合乎城邦的意愿]相对。当然，这句话也可以意译为"〈得到城邦的〉允许"。

197　参见《苏格拉底的申辩》（37c4-d6）: ἀλλὰ δὴ φυγῆς τιμήσωμαι; ἴσως γὰρ ἄν μοι τούτου τιμήσαιτε. πολλὴ μεντἂν με φιλοψυχία ἔχοι, ὦ ἄνδρες Ἀθηναῖοι, εἰ οὕτως ἀλόγιστός εἰμι ὥστε μὴ δύνασθαι λογίζεσθαι ὅτι ὑμεῖς μὲν ὄντες πολῖταί μου οὐχ οἷοί τε ἐγένεσθε ἐνεγκεῖν τὰς ἐμὰς διατριβὰς καὶ τοὺς λόγους, ἀλλ' ὑμῖν βαρύτεραι γεγόνασιν καὶ ἐπιφθονώτεραι, ὥστε ζητεῖτε αὐτῶν νυνὶ ἀπαλλαγῆναι· ἄλλοι δὲ ἄρα αὐτὰς οἴσουσι ῥᾳδίως; πολλοῦ γε δεῖ, ὦ ἄνδρες Ἀθηναῖοι. καλὸς οὖν ἄν μοι ὁ βίος εἴη ἐξελθόντι τηλικῷδε ἀνθρώπῳ ἄλλην ἐξ ἄλλης πόλεως ἀμειβομένῳ καὶ ἐξελαυνομένῳ ζῆν. [或者我干脆提出放逐来作为惩罚？因为也许你们将为我提出这种惩罚。但我也太爱惜生命了，诸位雅典人啊，如果我是如此的欠缺考虑以至于不能够推断出：你们作为我的同邦人，都已经变得不可能忍受我的探讨和言论，相反，对你们来说它们已经变得相当烦人和相当让人嫉恨，从而你们现在正寻求摆脱它们；那难道其他人会容易忍受它们吗？诸位雅典人啊，其实远不会。对于我这把年纪的人来说，离开一个城邦前往另一个城邦，四处漂泊和被驱赶，那一生可真是活得

好啊！]
198 καλλωπίζω 的本意是"美化""修饰""使脸变美"，但其中动态的意思是"炫耀自己""自夸"。
199 动词 ἐντρέπω 的本意是"转身""改变"，其中动态的意思则是"重视""尊重""畏惧"。
200 αὐτό 在这里表强调，基于中文表达习惯，在这里将之译为"本身"并不好，但为了显示出强调，所以加上"只"这个词。
201 在这里之所以把 ἄλλο τι ἤ 译为"无疑"，见注释157。
202 αὐτούς 在这里仍然表强调，而不表反身，故将之译为"恰恰"。
203 这显然是有意的夸张，因为此时苏格拉底才70岁，按照前面（51d3-5）的说法，只有当他在18岁完成公民身份审查和登记之后，才可以选择离开："一旦他被认可，并且熟悉城邦中的各种事务和我们法律，那么，假如我们不能让他满意，那他就可以拿上自己的东西离开，到任何他想去的地方。"
204 拉栖岱蒙即斯巴达。
205 Ἑλληνίδων 是 Ἑλληνίς 的属格复数，但该词的本义是"希腊女人"。
206 βαρβαρικός［非希腊人的］，当然也可以译为"蛮族人的"，但我有意不这么翻译。此外，法国布德本希腊文在这里也拼作 βαρβαρικῶν，但在牛津新的校勘本中则改为 βαρβάρων，但意思一样。只不过 βαρβαρικῶν 是形容词 βαρβαρικός 的阴性复数属格，而 βαρβάρων 是形容词 βάρβαρος 的阴性复数属格。
207 即雅典城邦。
208 δῆλον ὅτι 即 δηλονότι，也等于 δηλονδή，做副词使用，意思是"显然……""显而易见……"。
209 这句话也可以译为："因为谁会对一个没有法律的城邦感到满意呢？"
210 这是对小词 γε 的翻译。在回答中，该词用来把前面问句中的意思加进去，意思是"是的""真的"。
211 这也是对小词 γε 的翻译，它在这里的意思是"至少""无论如何"。
212 καὶ οὐ καταγέλαστός γε ἔσῃ ἐκ τῆς πόλεως ἐξελθών［由此至少你也就不会由于离开城邦而成为笑柄］，直译当为"由此至少你也就不会由于离开城邦而是可笑的了"。
213 στερηθῆναι τῆς πόλεως［被剥夺公民权］是一个整体。στερηθῆναι 是动词 στερέω［剥夺］的一次性过去时的被动态不定式，而 πόλις 除了具有"城邦"的意思之外，还有"公民权"的意思。
214 忒拜也译为"底比斯"，墨伽拉也译为"麦加拉"，两者都是位于雅典西北的城邦，也都离雅典很近。

215 ὅστις γὰρ νόμων διαφθορεύς ἐστιν[因为任何是法律的败坏者的人]，在这里当然也可以直接意译为："因为任何败坏法律的人。"

216 ἀνόητος[无理智的]，也可以直接译为"愚蠢的"。

217 "败坏年青人"是梅勒托斯等三人控告苏格拉底的主要罪状之一；参见《苏格拉底的申辩》(24b6-c1)：αὖθις γὰρ δή, ὥσπερ ἑτέρων τούτων ὄντων κατηγόρων, λάβωμεν αὖ τὴν τούτων ἀντωμοσίαν. ἔχει δέ πως ὧδε· Σωκράτη φησὶν ἀδικεῖν τούς τε νέους διαφθείροντα καὶ θεοὺς οὓς ἡ πόλις νομίζει οὐ νομίζοντα, ἕτερα δὲ δαιμόνια καινά.[既然这些人仿佛是另外一些指控者，那就让我们再次拿出他们的诉状。它大致如下：它说，苏格拉底在行不义，因为他在败坏年青人，并且不承认城邦所承认的那些神，而是承认另外一些新的属于精灵的事。]

218 形容词 ἀσχήμων[丑陋的]由褫夺性前缀 ἀ 和名词 σχῆμα[形状/仪态]构成，即"无形状的""无仪态的"。另外，伯内特认为希腊文方括号中的语气小词 ἂν 可能是窜入，但法国布德本希腊文却保留了该词，而新的牛津校勘本直接把该词删去了。

219 σκευήν τινα περιθέμενος[通过某种伪装]，直译当为"穿上某副行头"。

220 副词 γλίσχρως 的词干是 γλοία[树胶]，本意是"黏糊糊地""粘住不放地"，转义为"贪婪地""吝啬地"。

221 动词 ὑπέρχομαι[摇尾乞怜]的本意是"偷偷地进去"，转义为"讨好""乞怜""欺骗"等；而 δουλεύω[当牛做马]的本意则是"做奴隶"。

222 法国布德本希腊文这里的 τοῦτο[这点]作 τοῦτό σου[你的这点]；如果是这样的话，那么这句话也可以译为："你通过把他们带到忒塔利亚、通过把他们变成异邦人来进行抚养和教育，就为了他们会得到你的这点好处？"

223 即你不把他们带到忒塔利亚进行抚养和教育，所以这句话也可以译为"如果你不这么做"。

224 αὐτοῦ 在这里是副词，意思是"在这儿"，即在雅典。

225 哈德斯（Ἅδης）即冥王。介词 εἰς 要求宾格，之所以这里出现的是属格 Ἅιδου[哈德斯]，是因为省掉了 δόμος[家]一词，补全当为 εἰς Ἅιδου δόμον[到哈德斯的家里]。Ἅδης 由褫夺性的前缀 ἀ 和动词 ἰδεῖν[看]构成，本意为"不可见"。

226 πειθόμενος ἡμῖν τοῖς σοῖς τροφεῦσι[听从我们这些你的养育者]，也可以意译为"听从我们这些养育你的人"。

227 在《苏格拉底的申辩》中，苏格拉底曾提到过几位冥府的审判者（40e7-

41a5）: εἰ γάρ τις ἀφικόμενος εἰς Ἅιδου, ἀπαλλαγεὶς τουτωνὶ τῶν φασκόντων δικαστῶν εἶναι, εὑρήσει τοὺς ὡς ἀληθῶς δικαστάς, οἵπερ καὶ λέγονται ἐκεῖ δικάζειν, Μίνως τε καὶ Ῥαδάμανθυς καὶ Αἰακὸς καὶ Τριπτόλεμος καὶ ἄλλοι ὅσοι τῶν ἡμιθέων δίκαιοι ἐγένοντο ἐν τῷ ἑαυτῶν βίῳ, ἆρα φαύλη ἂν εἴη ἡ ἀποδημία;〔因为，如果一个人到达了冥府、摆脱了这些声称〈自己〉是陪审员的人，他将发现那些真正的陪审员，据说他们在那儿进行审判，有弥诺斯、剌达曼堤斯、埃阿科斯、特里普托勒摩斯以及其他那些在其活着时就已经变得公正的半神，那么，这趟外出旅行会是没有价值的吗？〕

228 ἐνθάδε〔在这里〕也可以直接译为"在这个世界上"。

229 ἐκεῖσε〔到了那边〕也可以直接译为"到了另一个世界"。

230 即死亡。

231 科儒巴斯是女神库柏拉（κυβέλη）的祭司；科儒巴斯祭仪是一种宗教仪式，通过狂欢用歌舞向库柏拉女神致敬；库柏拉是代表自然界生长力量的女神，当时在小亚细亚和希腊受到人们的崇拜。

232 这句话在也可以译为："我不可能说什么了。"

233 Ἔα τοίνυν〔那就这样吧！〕；ἔα 是动词 ἐάω〔允许/让/听任〕的第二人称单数命令式，直译当为："那就请你允许吧！"或"那就请你听之任之吧！"

234 苏格拉底本人的最后一句遗言就是对克里同讲的；参见《斐洞》（118a7-8）: Ὦ Κρίτων, ἔφη, τῷ Ἀσκληπιῷ ὀφείλομεν ἀλεκτρυόνα· ἀλλὰ ἀπόδοτε καὶ μὴ ἀμελήσητε.〔"克里同啊"，他说，"我们欠阿斯克勒庇俄斯一只公鸡，那你们得还上，可别忘记了"。〕

术语索引

缩略语
［拉］拉丁文　［德］德文　［英］英文
adv.—副词　comp.—比较级　sup.—最高级

ἀγαθός (comp. βελτίων; sup. βέλτιστος)
善的，好的，优秀的
　［拉］bonus
　［德］gut
　［英］good
　43d7, 44d7, 45d7, 46b6, 46c2,
　47c10, 47d4, 47d7, 48a5, 48a10,
　48d8, 49a6, 53a9, 54a5, 54b6, 54b8

ἀγανακτέω 气愤，恼怒
　［拉］doloris sensu afficior
　［德］verdrießen, ärgerlich sein
　［英］feel a violent irritation, to be angry at
　43b10, 43c3, 52c6

ἀγαπάω 欢迎，爱
　［拉］amice et hilariter excipio, amo
　［德］willkommen heißen, lieben
　［英］greet with affection, love
　45c1

ἀγγελία 消息
　［拉］nuncium
　［德］Botschaft
　［英］message
　43c5

ἄγγελος 信使，使者
　［拉］nuntius
　［德］Bote
　［英］messenger
　43d4

ἅγιος 神圣的，纯洁的
　［拉］sacer, purus
　［德］heilig, rein
　［英］holy, pure
　51a9

ἄγριος (adv. ἀγρίως) 野蛮的，残忍的
　［拉］rigidus, agrestis
　［德］wild, grausam
　［英］wild, savage
　52a1

ἀγρυπνία 失眠
　［拉］insomnia, vigilia
　［德］Schlaflosigkeit

[英]sleeplessness, wakefulness
　　43b4
ἄγω 引领，带走
　　[拉]duco
　　[德]führen, bringen
　　[英]lead, carry, bring
　　48d5, 51b6, 54a3
ἀγών 官司，诉讼
　　[拉]certamen
　　[德]Prozeß
　　[英]trial
　　45e4, 51b5
ἀδελφός 兄弟
　　[拉]frater
　　[德]Bruder
　　[英]brother
　　54c6
ἀδικέω 行不义，犯错误
　　[拉]injuste seu inique ago
　　[德]Unrecht tun, verletzen
　　[英]do wrong, harm, injure
　　48d2, 48d5, 49a6, 49b4, 49b5, 49b8,
　　49b10, 49b11, 49c7, 49d7, 50c1,
　　51e5, 54b8
ἀδικία 不义
　　[拉]injustitia
　　[德]Ungerechtigkeit, Rechtlosigkeit
　　[英]injustice
　　48a1
ἄδικος (adv. ἀδίκως) 不正当的，不公正的，非正义的
　　[拉]injustus, iniquus
　　[德]ungerecht
　　[英]unjust, unrighteous
　　47c10, 47d5, 47e7, 48a7, 48d3

ἀδύνατος 不可能的，无能力的
　　[拉]impotens, inops
　　[德]unmöglich, unvermögend
　　[英]impossible, unable
　　46a7
ἀθρέω 细看，考虑，思量
　　[拉]video, considero
　　[德]sehen, hinschauen, beobachten
　　[英]gaze at, observe, consider
　　49e9
αἱρέω 拿，抓，捕获，判罪，选举
　　[拉]capio, convinco, eligo
　　[德]nehmen, fangen, zu Fall bringen, wählen
　　[英]grasp, seize, convict, elect
　　45d6, 48c7, 52c2, 52c7
αἰσθάνομαι 感觉到，注意到
　　[拉]sentio
　　[德]mit den Sinnen wahrnehmen, merken
　　[英]perceive, apprehend by the senses
　　43b5
αἰσχρός (comp. αἰσχίων) 丑陋的，可耻的
　　[拉]turpis
　　[德]häßlich, schändlich
　　[英]ugly, shameful, base
　　44c2, 46a3, 47c10, 49b5, 54c2
αἰσχύνω 羞愧，感到羞耻
　　[拉]pudefacio
　　[德]beschämen, sich schämen
　　[英]to be ashamed, feel shame
　　45e1, 47d2, 52c8
αἰτία 罪责

[拉]accusatio, crimen
[德]Beschuldigung
[英]responsibility, guilt
52a4

ἀκολασία 放纵，无节制
[拉]petulantia, intemperantia
[德]Ausgelassenheit, Hemmungslosigkeit
[英]licentiousness, intemperance
53d4

ἀκολουθέω 追随，跟着走，听某人引导，服从
[拉]sequor
[德]folgen
[英]follow, go after
47d3

ἀκούω 听
[拉]audio
[德]hören
[英]hear
49e3, 50e9, 53d4, 53e3, 54d3, 54d4, 54d5

ἄκυρος 无权威的，不再生效的，作废的
[拉]auctoritate privatus, obsoletus
[德]machtlos, ungültig
[英]without authority, invalid, obsolete
50b4

ἄκων 不情愿的，勉强的，无意的
[拉]invitus
[德]unfreiwillig, widerwillig
[英]involuntary, constrained
48e3, 48e5, 52c5

ἀλήθεια 真，真相

[拉]veritas
[德]Wahrheit
[英]truth
48a7, 48d2, 51a6

ἀληθής (adv. ἀληθῶς) 真的
[拉]verus, rectus
[德]wahr, wirklich, echt
[英]true, real
46d4, 48b2, 49c9, 51c4, 51c7, 52d4, 52d5

ἀλίσκομαι 被捉住，被查获，被判罪
[拉]prehendor, occupor
[德]gefangen werden, ertappt werden
[英]to be caught, seized
43c2

ἀλλοῖος 不同的，别的
[拉]alius, varius
[德]andersartig, verschieden
[英]different
46d6

ἄλλοσε 到别处，到其他地方
[拉]alio, aliorsum
[德]anderswohin
[英]to another place
45c1

ἀμέλεια 漠不关心
[拉]incuria
[德]Gleichgültigkeit, Vernachlässigung
[英]indifference, negligence
44c2

ἀμύνω 防守，保卫自己，复仇
[拉]defendo, propugno
[德]abwehren, sich wehren, vergelten
[英]ward off, defend oneself against,

revenge

49d8

ἀμφότερος 双方的，两边的

[拉]ambo, uterque

[德]beidseitig, beide

[英]both together, both of two

53b5

ἀναβιώσκομαι 使复活，使回生

[拉]in vitam revoco

[德]wieder oder neu beleben

[英]bring back to life

48c5

ἀναγκάζω 逼迫，迫使

[拉]cogo, compello

[德]nötigen, zwingen

[英]force, compel

44e4, 52e2

ἀνάγκη 必然（性），强迫

[拉]necessitas

[德]Notwendigkeit

[英]necessity

43d5, 44d1, 49d4, 52d7, 52e1

ἀναισχυντέω 不知羞耻

[拉]impudens sum

[德]unverschämt sein

[英]to be shameless

53c5

ἀναλαμβάνω 拿起，采取，从事

[拉]adsumo, recipio

[德]aufnehmen, sich unterziehen

[英]take up, adopt, undertake

46c7

ἀναλίσκω 耗费，用掉

[拉]impendo

[德]aufwenden

[英]use up, spend

44c1, 45b2, 45b3

ἀνάλωσις 开销，费用

[拉]sumptus, comsumptio

[德]das Aufwenden, Ausgabe

[英]outlay, expenditure

48c3

ἀνανδρία 怯懦

[拉]ignavia

[德]Feigheit

[英]cowardice

45e2, 45e6

ἀνάξιος 无价值的，不值一文的

[拉]indignus

[德]unwürdig

[英]unworthy, worthless, despicable

53e3

ἀνάπηρος 残废的

[拉]mutilus

[德]verstümmelt

[英]maimed, mutilated

53a3

ἀνατρέπω 推翻

[拉]perverto

[德]umstürzen

[英]overturn, upset

50b3

ἀναχωρέω 撤退，退避

[拉]decedo, fugio

[德]zurückweichen, weggehen

[英]withdraw, retreat

51b8

ἀνδρεῖος 勇敢的

[拉] fortis
[德] tapfer
[英] manly, courageous
45d7

ἀνήρ 男人
[拉] vir
[德] Mann
[英] man
47b1, 49a10, 53c4, 53d8

ἀνθρώπειος 人的，适合于人的，属于人的
[拉] humanus, ad homines pertinens
[德] menschlich
[英] suited to man, human
46e3

ἄνθρωπος 人
[拉] homo
[德] Mensch
[英] man, mankind
46d9, 47a3, 49c7, 49c11, 51b1, 52b7, 53c2, 53c7, 53e4, 54c1

ἀνόητος 无理智的，愚蠢的
[拉] mente carens, stultus
[德] unvernünftig
[英] unintelligent, senseless, silly
53c2

ἀνταδικέω 反行不义，报复
[拉] vicissim injuria adficio
[德] Unrecht mit Unrecht vergelten, wieder beleigen
[英] injure in return, retaliate upon
49b10, 49c10, 49d8, 54c2

ἀνταπόλλυμι 反过来毁灭
[拉] vicissim perdo
[德] wieder vernichten, ruinieren
[英] perish in turn
51a5

ἀντιδράω 报复
[拉] vicissim facio, rependo
[德] vergelten
[英] act against, retaliate
49d8

ἀντικακουργέω 反过来伤害，互相伤害
[拉] vicissim malum infero
[德] wieder Schaden zufügen, wieder Böses tun
[英] damage in return
49c4, 54c2

ἀντιλέγω 反驳，反对
[拉] redarguo
[德] widerlegen
[英] speak against, contradict
48d8, 48e1, 51a1

ἀντιποιέω 报复
[拉] vicissim facio
[德] wieder antun
[英] do in return
50e6, 50e9

ἀντιτύπτω 反击
[拉] vicissim verbero
[德] wieder schlagen
[英] beat in turn
51a1

ἄξιος (adv. ἀξίως) 有价值的，值……的，配得上的
[拉] dignus, aestimabilis
[德] wertvoll, würdig
[英] worthy, estimables, worthy of

44c7, 46b1, 53c4, 53c7
ἀπαγγέλλω 报告，宣告
　　［拉］nuncio
　　［德］verkündigen, berichten
　　［英］bring tidings, report
　　43d3
ἀπαγορεύω 禁止，劝阻
　　［拉］prohibeo
　　［德］verbieten
　　［英］forbid, dissuade
　　51d6
ἀπαείρω 离开
　　［拉］discedo
　　［德］fortmachen
　　［英］depart
　　53d2
ἅπαξ 一次，只一次
　　［拉］semel
　　［德］einmal
　　［英］once, once only
　　52b5
ἀπατάω 欺骗
　　［拉］decipio
　　［德］verleiten, betrügen
　　［英］cheat, deceive
　　52e2
ἀπειθέω 不服从，不听从
　　［拉］non obedio, non credo
　　［德］ungehorsam oder unfolgsam sein
　　［英］disobey
　　47c1, 47c6
ἄπειμι 离开，离去
　　［拉］abeo, ibo
　　［德］weggehen, fortgehen

　　［英］go away, depart
　　44c4, 48c3, 49c9, 51d5, 52e3, 54b8,
　　54c1
ἀποβάλλω 丧失，失去，抛弃
　　［拉］amitto, abjicio
　　［德］verlieren, abwerfen
　　［英］lose, throw off
　　44e5
ἀποδημέω 离家远行，到外地去
　　［拉］absum domo, peregrinor
　　［德］sich in die Fremde begeben,
　　verreisen
　　［英］go abroad
　　53a2, 53e6, 54a8, 54a9
ἀποδημία 离家，外出，旅行
　　［拉］peregrinatio
　　［德］Reise, Auslandsaufenthalt
　　［英］going abroad
　　52b6
ἀποδιδράσκω 跑开，逃走
　　［拉］effugio, refugio
　　［德］fortlaufen, entfliehen
　　［英］run away, escape or flee from
　　50a7, 52d1, 53d5, 53d6
ἀποθνήσκω 死，死去
　　［拉］pereo
　　［德］sterben
　　［英］die
　　44a2, 44b6, 46d2, 46e3, 48d4, 51b6
ἀποικία 殖民（地），移民
　　［拉］colonia
　　［德］Kolonie, Pflanzstadt, Ansiedlung
　　［英］colony, migration
　　51d7

ἀποκάμνω 疲倦，气馁
　　［拉］defatigor
　　［德］ermatten
　　［英］grow quite weary
　　45b6
ἀποκρίνω 回答
　　［拉］respondeo
　　［德］beantworten
　　［英］give answer to, reply to
　　49a1, 50a4, 50c8, 50c8, 52d4
ἀποκτείνω 杀，杀死
　　［拉］interficio
　　［德］erschlagen, umbringen
　　［英］kill, slay
　　48a11, 48c5
ἀπολαύω 得到利益，得到好处
　　［拉］capio commodum
　　［德］genießen, sich zunutze machen
　　［英］profit, have a benefit
　　54a4
ἀπόλλυμι 毁灭，丧命，丧失
　　［拉］perdo, amitto
　　［德］zerstören, ruinieren, verlieren
　　［英］destroy utterly, ruin, lose
　　47d5, 50b1, 50b7, 50d1, 51a3, 53b3, 54c8
ἀπολογέομαι 申辩，辩护
　　［拉］defendo me verbis
　　［德］sich verteidigen
　　［英］speak in defence, defend oneself
　　54b5
ἀργύριον 银，银钱
　　［拉］argentum
　　［德］Silber
　　［英］silver
　　45a7, 45a9, 45b4
ἀρέσκω 满意，高兴
　　［拉］placeo
　　［德］befriedigen, gefallen
　　［英］please, satisfy
　　51d4, 51d7, 52b2, 52b4, 52e4, 53a4, 53a5
ἀρετή 德性
　　［拉］virtus
　　［德］Tugend, Tüchtigkeit
　　［英］virtue, goodness, excellence
　　45d8, 51a7, 53c7, 54a1
ἄρτι 刚才
　　［拉］modo
　　［德］eben
　　［英］just
　　43a9
ἀρχή 开始，开头，统治，公职
　　［拉］principium, imperium, magistratus
　　［德］Anfang, Herrschaft, Amt
　　［英］beginning, sovereignty, office
　　48e5, 49d9
ἄρχω 开始，从……开始，统帅
　　［拉］incipio, guberno
　　［德］anfangen, herrschen, befehlen
　　［英］begin, rule, command
　　49d6
ἄρχων 首领，统帅，领袖
　　［拉］praefectus, princeps
　　［德］Herrscher, Gebieter
　　［英］ruler, commander
　　54b5
ἀσπάζομαι 致意，尊敬

[拉] diligo

[德] liebhaben, bewillkommen

[英] greet, salute

47b5

ἀσφάλεια 安全，稳定

[拉] securitas, stabilitas

[德] Sicherheit

[英] security, stability

45c3

ἀσχήμων 丑陋的

[拉] figura carens, turpis

[德] ungestaltet, häßlich

[英] misshapen, ugly

53c8

ἀταξία 无秩序，混乱

[拉] inordinatum

[德] Unordnung

[英] disorder, confusion

53d3

ἀτιμάζω (ἀτιμάω) 轻视，瞧不起，不敬重

[拉] contemno

[德] verachten, geringschätzen

[英] dishonour, disdain, scorn

47c1

ἄτοπος 荒诞不经的，荒谬的，奇特的

[拉] absurdus

[德] ungewöhnlich, widersinnig

[英] strange, paradoxical

44b3

αὐλός 笛，箫

[拉] tibia

[德] Flöte

[英] flute

54d3

αὔριον 明天

[拉] cras

[德] Morgen

[英] tomorrow

43d5, 47a1

ἀφαίρεσις 没收，剥夺

[拉] ablatio

[德] Wegnahme, Entzug

[英] confiscation, taking away

46c6

ἀφίημι 放弃，赦免，宣告无罪

[拉] dimitto, absolvo

[德] loslassen, freisprechen

[英] give up, acquit

48b12

ἀφικνέομαι 到达，返回

[拉] advenio, redeo

[德] ankommen, zurückkehren

[英] arrive at, return

43a1, 43c4, 43c9, 43d1, 43d2, 45c1, 54b8

ἀφίστημι 放到一边，站到一边

[拉] amoveo, absto

[德] wegstellen, wegtreten

[英] put away, stand away

49d9

ἄφρων 愚蠢的，没头脑的

[拉] imprudens

[德] unvernuenftig

[英] silly, foolish, senseless

44d9, 47a11

βαθύς 深的，厚的

[拉] profundus, altus, densus

[德] tief, hoch, dicht
[英] deep, high, thick
43a4

βαρβαρικός 野蛮的，非希腊的
[拉] barbaricus
[德] barbarisch, unhellenisch
[英] barbaric, non-Greek
53a1

βαρύς 重的
[拉] gravis
[德] schwer
[英] heavy in weight, weighty
43c7

βεβαιόω 巩固，证实
[拉] confirmo
[德] befestigen
[英] confirm, establish
53b7

βιάζω 强迫，迫使
[拉] urgeo, opprimo
[德] bedrängen
[英] constrain
51c2

βίος 生命，一生
[拉] vita
[德] Leben, Lebenszeit
[英] life, lifetime
43b7, 43d6, 45d8, 53d8

βιόω 生活，过活
[拉] vivo, vitam ago
[德] leben
[英] live, pass one's life
53e4

βιωτός 值得活的
[拉] vitalis
[德] lebenswert
[英] to be lived, worth living
47d9, 47e3, 47e6

βομβέω 发出隆隆声，轰鸣
[拉] bombum edo seu facio, tinnio
[德] sausen, tönen
[英] rumble, roar
54d4

βούλευμα 决定，决议，计划
[拉] consilium
[德] Entschließung
[英] resolution, purpose
49d5

βουλεύω 任议事员，提意见，建议
[拉] consulto
[德] beraten, Mitglied des Rats sein
[英] give counsel, act as member of council
46a4, 46a5, 49d7, 52e3

βουλή 决定，建议
[拉] decretum, consilium
[德] Beschluß, Rat
[英] determination, advice
46a5, 47c11, 49d3

βούλομαι 愿意，想
[拉] volo
[德] wollen, wünschen
[英] will
45c2, 45c8, 51d2, 51d5, 51d6, 51e1, 52c4, 54a2

γάμος 婚姻，结婚
[拉] nuptia
[德] Ehe, Heirat

[英]wedding, marriage

50d4

γέλοιος 可笑的、荒诞的

[拉]ridiculus

[德]lächerlich, witzig

[英]amusing, absurd

53d4

γεννάω 生，产生

[拉]gigno

[德]zeugen

[英]beget, bring forth

50d2, 51c8

γεννητής 生孩子的人，父母

[拉]genitor, generator

[德]Erzeuger, Eltern

[英]begetter, parent

51e5

γέρων 老年人

[拉]senex

[德]Alter, Greis

[英]old man

53d8

γίγνομαι 发生，成为，变得，出现

[拉]accido, evenio

[德]werden, geschehen, sich ereignen

[英]happen, come to be

45b8, 45c7, 45d3, 45e5, 46b8, 46d3, 47d5, 47d8, 50b4, 50b5, 50d6, 50e2

γλίσχρος (adv. γλίσχρως) 黏糊糊的，贪婪的，吝啬的

[拉]lentus, parcus, avarus

[德]leimig, kleinlich, gierig

[英]greedy, sticky, importunate

53e1

γυμνάζω 进行体育锻炼

[拉]exerceo

[德]Leibesübung treiben, trainieren

[英]train, exercise

47a13

γυμναστέος 必须锻炼

[拉]exercendum est

[德]man muß üben

[英]one must train, exercise

47b9

γυμναστικός 体育的

[拉]gymnasticus

[德]Leibesübung zugeneigt

[英]gymnastic

50e1

γυνή 妇女

[拉]mulier

[德]Frau

[英]woman

44a10

δαιμόνιος 精灵的，属于精灵的

[拉]daemonicus

[德]dämonisch

[英]of or belonging to a daemon

44b5

δεῖπνον 餐，膳

[拉]coena, convivium

[德]das Essen, Mahlzeit

[英]meal

53e5

δεσμός 锁链，桎梏，囚禁

[拉]vinculum

[德]Band

[英]band

46c5

δεσμωτήριον 监狱
　　［拉］carcer
　　［德］Kerker
　　［英］prison
　　40a5, 53d5

δεσπότης 主人
　　［拉］dominus
　　［德］Herr, Besitzer
　　［英］master, lord
　　50e8

δέω (δεῖ) 捆绑；缺乏，需要，恳求
　　［拉］vincio, indigeo
　　［德］binden, fesseln, bedürfen, brauchen
　　［英］bind, lack, want
　　43b11, 43c9, 45a3, 45a9, 45b2,
　　46a6, 46d1, 46d2, 46e1, 47d1, 47d2,
　　48d4, 49b8, 49b11, 49c2, 49c3,
　　49c10, 50a2, 50a7, 51b5, 52c7, 54c5

δῆλος 清楚的，显而易见的
　　［拉］manifestus
　　［德］klar, offenbar
　　［英］clear
　　44d2, 47b8, 47c7, 48b1, 53a4, 53b3

διαβάλλω 诽谤，指控
　　［拉］calumnior
　　［德］entzweien, verleumden, verklagen
　　［英］misrepresent, accuse
　　44d4

διάγω 度日
　　［拉］versor
　　［德］hinbringen
　　［英］pass, spend
　　43b6

διαλέγω 谈论，交谈
　　［拉］colloquor
　　［德］reden, diskutieren
　　［英］hold converse with, discuss
　　49a10, 53c6

διανοέομαι 思考，打算
　　［拉］cogito
　　［德］denken
　　［英］think
　　50b1

διαφέρω 不同，不一致，有分歧，胜过
　　［拉］differo, vinco, supero
　　［德］verschieden sein, sich auszeichnen
　　［英］differ, excel
　　49b1, 49c8

διαφερόντως 异常地，出众地
　　［拉］excellenter, maxime
　　［德］verschieden, außerordentlich
　　［英］differently, especially
　　52b3, 52b4, 53a3

διαφεύγω 逃走，逃脱
　　［拉］effugio, evito
　　［德］entfliehen, vermeiden
　　［英］get away from, escape
　　45e6

διαφθείρω 败坏，毁灭
　　［拉］corrumpo
　　［德］verderben, vernichten
　　［英］corrupt, ruin
　　45c8, 47d3, 47d8, 47e1, 47e4, 47e6,
　　50b5, 52c9

διαφθορεύς 败坏者
　　［拉］corruptor
　　［德］Verderber

[英]corrupter

53b7, 53c1, 53c2

διδάσκω 教，传授

[拉]doceo

[德]lehren

[英]teach, instruct

49e2

δίειμι (διέρχομαι) 经过，讨论，述说

[拉]percurro, narro

[德]hindurchgehen, erzählen

[英]go through, enumerate, discuss

47c9, 48b3

δικάζω 判决，公断

[拉]judico, decerno

[德]richten, entscheiden

[英]give judgement on, decide

50b8, 50c6, 51e2, 53b8

δίκαιος (adv. δικαίως) 正当的，公正的，正义的

[拉]justus

[德]gerecht, richtig

[英]just, right

45a1, 45c5, 47c9, 47d4, 47e7, 48a7, 48a9, 48b8, 48b12, 48c1, 48c8, 49c5, 49e6, 50a3, 50e5, 50e7, 50e8, 51a4, 51a6, 51b7, 51c1, 51c7, 52a6, 52e4, 54b4, 54b6

δικαιοσύνη 正义，公正

[拉]justitia

[德]Gerechtigkeit

[英]righteousness, justice

48a1, 53c7, 54a1

δικαστήριον 法庭

[拉]judicium

[德]Gerichtshof

[英]court

45b7, 45e3, 51b9

δικαστής 陪审员

[拉]judex

[德]Richter

[英]juror

53b8

δίκη 官司，惩罚，判决

[拉]judicium, causa, poena

[德]Rechtsstreit, Prozess, Strafe, Urteil

[英]lawsuit, penalty, judgement

45e3, 45e4, 50b4, 50b8, 50c2, 50c6, 51e2, 52c4, 53b8

διοικέω 管理，治理

[拉]rego

[德]verwalten

[英]control, administer

51e3

διόλλυμι 完全毁坏，完全毁灭

[拉]funditus perdo

[德]ganz vernichten

[英]destroy utterly, perish utterly

47c7, 47d8

διφθέρα 皮制的东西

[拉]quicquid e pellibus fit

[德]aus Leder verfertigte Gegenstände

[英]anything made of leather

53d6

δοκέω 设想，看来，认为

[拉]puto, opinor, videor

[德]glauben, scheinen

[英]imagine, seem

43c7, 43d2, 44a10, 44b4, 44b9,

44c2, 45c5, 45c10, 45d6, 45e2,
46a1, 46e2, 47a2, 47b10, 48b4,
48d6, 49d2, 49d3, 49e1, 49e2, 51c5,
53c1, 53c2, 54d2, 54d3, 54d6

δοκιμάζω 检验，通过经验认可
　　[拉] probo, approbo
　　[德] prüfen, als erprobt annehmen
　　[英] test, sanction, admit
　　51d3

δόξα 名声，意见，荣誉
　　[拉] opinio, fama, gloria
　　[德] Meinung, Ruhm
　　[英] opinion, repute
　　44c2, 44c7, 44d2, 46c8, 46d1, 46d9,
　　47a3, 47b2, 47c2, 47c11, 47d9,
　　48a9, 48c3, 49d1, 53b8

δοξάζω 认为，相信，猜想
　　[拉] opinor, suspicor
　　[德] meinen, glauben, vermuten
　　[英] think, imagine, suppose
　　46e1

δουλεύω 做奴隶
　　[拉] servio
　　[德] Sklave werden
　　[英] to be a slave
　　53e4

δοῦλος 奴隶
　　[拉] servus
　　[德] Knecht
　　[英] slave
　　50e3, 52d1

δράω 做
　　[拉] facio, ago
　　[德] tun

　　[英] do
　　48d7, 51c8

δύναμαι 能够，有能力
　　[拉] possum, valeo
　　[德] können, imstande sein
　　[英] to be able
　　46b7, 51a5, 54d5

δύναμις 能力，力量
　　[拉] potentia
　　[德] Macht, Vermögen
　　[英] power, might
　　46c4

δυνατός 有可能的，能办到的，有能力的
　　[拉] potens, possibilis
　　[德] imstande, fähig
　　[英] possible, powerful
　　44d9, 46a2

δυσχερής 困难的，不乐意的，反感的
　　[拉] difficilis, odiosus
　　[德] schwierig, widrig
　　[英] difficult, unpleasant
　　45b7

ἐάω 允许，同意，不理会，放弃
　　[拉] dimitto, omitto
　　[德] zulassen, unterlassen
　　[英] concede, permit, let alone, let be
　　45a1, 45d7, 48c2

ἐγγύς (comp. ἐγγύτερος; sup. ἐγγύτατος)
近，附近
　　[拉] prope
　　[德] nahe
　　[英] near, nigh, at hand
　　53b4

ἐγείρω 唤醒，激起
　　［拉］excito
　　［德］erwecken, anregen
　　［英］awaken, rouse
　　43b6, 44a8
ἐγκαλέω 控告
　　［拉］crimino
　　［德］anklagen, verklagen
　　［英］accuse, charge
　　50c9
ἐδεστέος 必须吃的
　　［拉］edendum est
　　［德］man muß essen
　　［英］one must eat
　　47b10
ἐθέλω 愿意，乐于
　　［拉］volo
　　［德］wollen, wünschen
　　［英］to be willing, wish
　　43a5, 43b3, 44c1, 44c4, 45a7
ἔθω 习惯于
　　［拉］soleo
　　［德］gewohnt sein, pflegen
　　［英］to be accustomed
　　45d3, 50c8, 53d6
εἴδω 知道，熟悉
　　［拉］scio, peritus sum
　　［德］wissen, verstehen
　　［英］know, be acquainted with
　　51d3
εἰκός 很可能的，合理的，当然的
　　［拉］probabilis, decens
　　［德］wahrscheinlich, folgerichtig, natürlich

　　［英］probable, reasonable
　　45d3, 53e1
εἶμι 去，来
　　［拉］ibo
　　［德］gehen, kommen
　　［英］go, come
　　45c2, 51d7, 51d8
εἶπον 说
　　［拉］dico
　　［德］sagen
　　［英］say, speak
　　44b1, 44e1, 50a8, 50b7, 50c4, 50c7, 50e3, 52a6
εἰσέρχομαι 进来，进入，进场
　　［拉］ingredior, accedo ad, pervenio in
　　［德］hineingehen, auftreten
　　［英］enter, go into
　　45e4
εἰσηγέομαι 提出，引进
　　［拉］fero, instituo
　　［德］einführen, vorschlagen
　　［英］bring in, introduce
　　48a8
εἴσοδος 进入，进口
　　［拉］ingressus
　　［德］Eingang, Zugang
　　［英］entry, entrance
　　45e3
ἑκάστοτε 每回，每次
　　［拉］semper
　　［德］jedesmal, jemals
　　［英］each time, on each occasion
　　46c8, 46d8, 52e6
ἐκβάλλω 抛弃，扔掉

[拉] expurgo
[德] verwerfen
[英] throw or cast out of, discard
46b7

ἔκγονος 后裔，子孙
[拉] proles
[德] Abkömmling
[英] offspring
50e3

ἐκκλέπτω 偷走，暗中弄走
[拉] furtim subduco
[德] heimlich wegbringen
[英] steal and carry off
44e4

ἐκπαιδεύω 教育
[拉] erudio
[德] erziehen
[英] teach, educate
45d1

ἐκτός 远离，除去
[拉] extra
[德] fern von, ohne
[英] out of, far from
46e3

ἐκτρέφω 抚养，养育
[拉] educo
[德] grossziehen, aufziehen
[英] bring up, rear up
45d1, 50e2, 51c9, 54a2

ἐκχέω 泼掉，倒出
[拉] effundo
[德] ausschütten, verschütten
[英] pour out
49a9

ἑκών 自愿的，心甘情愿的，故意的
[拉] voluntarius
[德] freiwillig, gern
[英] willing
49a4, 52c6

ἐλαχύς (comp. ἐλάσσων; sup. ἐλάχιστος)
少的，小的
[拉] parvus
[德] klein, gering
[英] small, little
53a2

ἐμμένω 继续下去，保持，遵守
[拉] permaneo, persevero
[德] anhalten, fortbestehen
[英] abide by, stand by, remain fixed
49e2, 49e4, 50a2, 50c5, 53a5

ἐμποδών 挡道，碍事
[拉] ante pedes
[德] im Wege
[英] in one's way
51d6

ἔμπροσθεν 从前，以前
[拉] olim, antehac
[德] zuvor, vorher, früher
[英] before, of old
46b7, 49a7

ἐναντίος 相反的
[拉] contra
[德] gegenüberstehend, widrig
[英] opposite
48a10

ἐναργής 可见的，清楚明白的
[拉] manifestus
[德] deutlich, sichtbar

［英］visible, palpable, clear

44b4

ἕνεκα 为了，由于

［拉］gratia, propter

［德］um ... willen, angesichts

［英］on account of, for the sake of, as far as regards

46d3, 54a2

ἐνέχω 保持，心中抱着

［拉］intus habeo

［德］in sich haben, darin halten

［英］hold, keep fast within

52a4

ἐνθάδε 这儿，在这儿，那儿，

［拉］hic, huc, illuc

［德］hier, hierher, dort, dorthin

［英］here, hither, there

53c6, 54b5

ἐνθένδε 从这里

［拉］hinc

［德］von hier aus

［英］from here

44c4, 44e3, 44e4, 45a8, 45b3, 48b12, 48d1, 48e3, 49d6, 49e9, 50a6

ἐννοέω 想起，思考，注意到，理解，明白

［拉］recordor, animadverto, intelligo

［德］entsinnen, besinnen, merken, verstehen

［英］think of, reflect upon, notice, understand

50a5

ἐνσκευάζω 装备好，穿好

［拉］instruo, orno

［德］zurüsten, bckleiden

［英］prepare, dress in

53d6

ἐντρέπω 重视，畏惧

［拉］revereor, vereor

［德］achten, scheuen

［英］respect, fear

52c9

ἐνύπνιον 梦

［拉］somnium

［德］Traumbild, Traum

［英］thing seen in sleep, dream

44a6, 44a9, 44b3

ἐξάγω 带走，取走

［拉］educo

［德］wegführen, fortbringen

［英］lead out, lead away

45a7, 48d1, 48d2

ἐξαμαρτάνω 犯错

［拉］pecco, aberro

［德］verfehlen, abirren

［英］fail, do wrong

53a8

ἐξαπατάω 欺骗，引诱

［拉］decipio

［德］täuschen, gänzlich betrügen

［英］deceive thoroughly, beguile

49e7

ἔξειμι 从……走出去，从……走出来，离开

［拉］exeo

［德］herausgehen

［英］leave

48b12

ἐξεργάζομαι 完成，成就，运用

　　[拉] perficio, efficio

　　[德] ausführen, bearbeiten

　　[英] work out, accomplish, achieve

　　44d3

ἐξέρχομαι 离开

　　[拉] egredior

　　[德] herauskommen

　　[英] go or come out of, leave

　　44e3, 45b8, 52b5, 53a7, 54c2

ἔξεστι 可以，能够，容许

　　[拉] licet

　　[德] es steht frei, es ist erlaubt

　　[英] it is allowed, is possible

　　45c6, 45d1, 45e4, 51a3, 52c4, 52e3

ἐξουσία 权限，权力

　　[拉] facultas, auctoritas

　　[德] Vermögen, Recht

　　[英] power, authority

　　51d2

ἔοικα 看来，似乎

　　[拉] ut videtur

　　[德] es scheint

　　[英] seem, look like

　　44b5

ἔπαινος 赞许，赞美

　　[拉] laus

　　[德] Lob

　　[英] approval, praise

　　47b1, 47b6, 47c2

ἐπαΐω 精通，懂得

　　[拉] intelligo, percipio

　　[德] verstehen,

　　[英] understand, to be an expert in

　　47b11, 47c3, 47d2, 47d9, 48a6

ἐπεγείρω 叫醒，唤醒

　　[拉] excito

　　[德] wecken

　　[英] awaken

　　43b1

ἔπειμι 来到，来临

　　[拉] insto, succedo

　　[德] hinzukommen, anbrechen

　　[英] come upon, approach

　　44a5, 46a6

ἐπιδημέω :（外侨）定居在一个地方，住在家里

　　[拉] domi sum, inter populum versor

　　[德] sich als Fremder wo aufhalten, in der Gemeinde, daheim bleiben

　　[英] come to stay in a city, reside in a place, to be at home, live at home

　　52b3

ἐπιεικής 能干的，合适的，正直的

　　[拉] praestans, decens, aequus

　　[德] tüchtig, angemessen, rechtlich

　　[英] capable, fitting, fair

　　43a10, 44c7

ἐπιθυμέω 渴望，愿意

　　[拉] cupio

　　[德] begehren, wünschen

　　[英] long for, desire

　　46d4, 53e1

ἐπιθυμία 渴望，意愿

　　[拉] cupiditas

　　[德] Begehren, Wunsch

　　[英] desire, yearning

52b7

ἐπιλύω 解开，释放
  [拉] solvo
  [德] auflösen, befreien
  [英] loose, release
43c2

ἐπιμελέομαι 关心
  [拉] curo
  [德] sorgen
  [英] take care of
45d8, 51a7, 54a7, 54a8, 54a9

ἐπινοέω 打算，打主意
  [拉] considero, cogito
  [德] bedenken, vorhaben
  [英] intend, contrive
52a4

ἐπιπέμπω 派，派遣
  [拉] mitto
  [德] schicken
  [英] send to
46c5

ἐπισκοπέω (ἐπισκέπτομαι) 检查，考虑
  [拉] considero, inspicio, observo
  [德] prüfen, betrachten
  [英] inspect, observe, examine, consider
46d5

ἐπιστάτης 监管者，负责人
  [拉] magister, curator
  [德] Aufseher, Wärter
  [英] overseer, administrator
47b10

ἐπιτάσσω 命令
  [拉] mando
  [德] anordnen
  [英] order, command
52a1

ἐπίτηδες 有意地，故意地
  [拉] consulto
  [德] absichtlich
  [英] of set purpose, advisedly
43b5

ἐπιτήδειος 合适的，有用的，忠实的，怀好意的
  [拉] idoneus, commodus, amicus
  [德] passend, erforderlich, befreundet
  [英] suitable, useful, friendly
43c6, 44b8, 44e2, 45e1, 53a9, 53b1, 54a7, 54b1

ἐπιχειρέω 尝试，企图，着手
  [拉] manum admoveo, conor
  [德] versuchen, unternehmen
  [英] put one's hand to, attempt
45c5, 50b1, 50d1, 50e6, 51a3, 51a5, 51c8, 52c5, 52c9, 52d2, 54c8

ἕπομαι 跟随，听从
  [拉] sequor, assequor
  [德] folgen, mitgehen
  [英] follow
47d1

ἐργάζομαι 工作，做，制造
  [拉] laboro, infero
  [德] arbeiten, tun
  [英] work at, labour, make
44d7, 48d3, 53a9, 54c3

ἔργον 事情，行动，行为，结果，任务
  [拉] res, opus
  [德] Sache, Ding, Tat, Werk
  [英] thing, matter, deed, action

50b1, 51e3, 52d5

ἐρίβωλος 非常肥沃的
  [拉] fertilis
  [德] fruchtbar
  [英] very fertile
  44b2

ἔρομαι 问，询问，请教
  [拉] interrogo, inquiro, quaero
  [德] fragen, befragen
  [英] ask, question, inquire
  50a8

ἔρχομαι 动身，去
  [拉] venio, progredior
  [德] schreiten, gehen
  [英] go, start
  44a3, 50a7, 51d8, 51d8, 53b4, 54b4

ἐρῶ 将要说，将要宣布
  [拉] dicam, dico, loquor, nuncio
  [德] reden, sagen
  [英] will tell, proclaim
  44a2, 48a6, 50b5, 50c1, 50c2, 53e2, 54d6

ἐρωτάω 问，询问
  [拉] interrogo, rogo
  [德] fragen, erfragen, befragen
  [英] ask, question
  49a1, 49e5, 50a4, 50c9

ἑταῖρος 朋友，同伴
  [拉] amicus, socius
  [德] Kamerad, Freund
  [英] comrade, companion
  54d2

ἕτοιμος 预备好的，已经在手边的，现实的
  [拉] paratus, certus
  [德] wirklich, bereit, vorhanden
  [英] at hand, prepared, realized
  45b3, 45b5

ἔτος 年
  [拉] annus
  [德] Jahr
  [英] year
  52e3

εὐδαιμονίζω 可称幸福，可算幸运
  [拉] beatum judico
  [德] glücklich preisen
  [英] call or account happy
  43b7

εὐειδής 标致的，模样好的
  [拉] formosus
  [德] wohlgestaltet
  [英] well-shaped, comely
  44a10

εὐεργετέω 做好事，行善事，施恩惠
  [拉] benefacio, bene mereor
  [德] gut handeln, Gutes tun, Wohltaten erweisen
  [英] do good services, show kindness to
  43a8

εὐθύς 直的，立即
  [拉] rectus, statim
  [德] gerade, gleich
  [英] straight, right away
  43b1

εὐμενής (adv. εὐμενῶς) 友好的，仁慈的
  [拉] benignus
  [德] gutgesinnt, freundlich

［英］well-disposed, kindly

54c7

εὐνομέομαι 有好的法律，有好的秩序

　　［拉］bonis legibus utor

　　［德］gute Gesetze haben

　　［英］have good laws

52e6, 53b5, 53c3

εὑρίσκω 发现，找到

　　［拉］invenio, exquiro

　　［德］finden, entdecken

　　［英］find, discovery

44b8

εὐτελής 廉价的，卑贱的

　　［拉］tenuis, humilis

　　［德］wohlfeil, billig

　　［英］cheap, mean

45a9

εὐωχέω 热情款待，饱食

　　［拉］saturo, satio, convivio accipio

　　［德］gut bewirten, sich sättigen

　　［英］feast, enjoy

53e5

ἐφίημι 允许，放任

　　［拉］permitto

　　［德］zulassen, loslassen

　　［英］permit, allow

52a2

ἐφίστημι 相对而立，立在一旁

　　［拉］insto, sto juxta

　　［德］dabeistehen, entgegentreten

　　［英］stand against, stand by

50a8

ἐχθρός 仇恨的，敌对的

　　［拉］inimicus

　　［德］verhaßt, feindselig

　　［英］hated, hateful, hostile

45c7

ἔχω 有，拥有

　　［拉］habeo

　　［德］haben, besitzen

　　［英］have, possess

44b1, 44d8, 44e1, 45b8, 46c2, 49b2, 49d7, 50a4, 50b6, 50d5, 50e3, 50e5, 51b2, 51b7, 51e1, 54b4, 54d8

ζάω 活，活着

　　［拉］vivo

　　［德］leben

　　［英］live

48b5, 48b6, 53c5, 53e1, 54a2, 54a5, 54b3, 54c6

ἡγέομαι 认为，相信

　　［拉］puto, existimo, opinor

　　［德］meinen, glauben

　　［英］believe, hold

44c8, 47e8, 53b7

ἡδύς (adv. ἡδέως) 满意的，喜悦的

　　［拉］dulcis, laetus

　　［德］angenehm, lieb

　　［英］pleasant, well-pleased, glad

43b5, 43b6, 53d4

ἥκω 已来到

　　［拉］veni

　　［德］ich bin gekommen, angelangt

　　［英］to have come

43a9, 43d2, 43d3, 43d5, 43d8, 44a5, 53b5, 53d2

ἡλικία 年纪，年龄

　　［拉］aetas

［德］Lebensalter
［英］time of life, age
43c2

ἦμαρ 天，日
［拉］dies
［德］Tag
［英］day
44b2, 49a9

ἡμέρα 一天，一日
［拉］dies
［德］Tag
［英］day
44a5

ἥσσων (ἥττων, super. ἥκιστος) 较弱的，较差的
［拉］minor, inferior
［德］schwächer, geringer
［英］inferior, weaker
50a2, 51c3, 52a5, 54c4

ἡσυχία 安静，宁静
［拉］quies, silentium, tranquillitas
［德］Ruhe, Stille
［英］rest, quiet, silence
48d5, 51b5

ἠχή 鸣声，噪音
［拉］sonitus
［德］Schall, Getöse
［英］sound, noise
54d4

θάνατος 死，死亡
［拉］mors
［德］Tod
［英］death
46c5, 52c8

θαυμάζω 惊异，钦佩
［拉］miror, admiror
［德］wundern, hochschätzen
［英］wonder, admire
43a5, 43b5, 50c6, 50c7

θαυμάσιος 令人惊异的，令人钦佩的
［拉］mirificus
［德］wunderbar, bewundernswert
［英］wonderful, admirable
48b3

θεός 神
［拉］Deus
［德］Gott
［英］God
43d7, 46e2, 51b1, 54e2

θεωρία 景象，理论
［拉］theoria
［德］Schau, wissenschaftliche Betrachtung
［英］sight, theory
52b4

θνήσκω 死，死亡
［拉］perimo
［德］sterben
［英］die, perish
43d1, 52c7

θωπεύω 奉承，讨好
［拉］adulor, blandior
［德］schmeicheln, besänftigen
［英］flatter, wheedle
51b3

ἰατρός 医生
［拉］medicus
［德］Arzt

[英]physician

47b3

ἰδιώτης 平民，普通人

[拉]plebeius

[德]ein gewöhnlicher Mann

[英]common man, plebeian

50b4

ἱκανός (adv. ἱκανῶς) 充分的，足够的

[拉]sufficiens, satis

[德]zureichend, genügend, hinlänglich

[英]sufficient, adequate

45b1, 45b4, 47a2, 49a1, 52c1

ἱκνέομαι 来到，到达

[拉]pervenio

[德]gelangen

[英]reach, arrive at

44b2

ἱμάτιον 外衣，衣服

[拉]vestis

[德]Kleider

[英]an outer garment, cloth

44b1

ἴσος 同等的

[拉]aequus

[德]gleich

[英]equal

50e5, 50e8

ἰσχύω 变得强有力

[拉]robustus sum, valeo

[德]stark sein, kräftig sein

[英]to be powerful, to be strong

50b4

καθάπτω 捆，谴责

[拉]tango, reprehendo

[德]anbinden, anklagen

[英]fasten, upbraid

52a6

καθεύδω 睡

[拉]dormio

[德]schlafen

[英]lie down to sleep, sleep

43b5

καθομολογέω 承认，同意

[拉]concedo

[德]eingestehen, zugestehen

[英]confess, consent

49d1

καιρός 适时，时机

[拉]opportunus

[德]der rechte Zeitpunkt

[英]exact or critical time, opportunity

44a8

κακία 恶

[拉]malitia, vitium

[德]Schlechtigkeit, Böse

[英]badness, vice

45e6

κακός (adv. κακῶς) 坏的，有害的

[拉]malus, vitiosus

[德]schlecht, böse

[英]bad, evil

44d3, 44d7, 46a3, 47c3, 47c5, 47c10, 49b5, 49c4, 49c7, 49c10, 49d8, 49d9, 50a1, 50e9, 54c4

κακουργέω 伤害，做坏事，为非作歹

[拉]noceo

[德]mißhandeln

[英]injure, do evil

49c2

καλέω 呼唤，叫名字，称作
  [拉] voco, nomino
  [德] rufen, nennen
  [英] call, name
  44b1

καλλωπίζω 美化，修饰
  [拉] decoro, orno
  [德] schön machen, schmücken
  [英] beautify, embellish
  52c6

καλός (adv. καλῶς) 美的，好的
  [拉] pulcher
  [德] schön
  [英] beautiful
  44a10, 44d8, 46c8, 46d2, 46e2,
  47a5, 47a6, 47c10, 48a9, 48b8,
  48d6, 49a6, 50d4, 50d7, 50e1, 51d1,
  51e7

καταγέλαστος 可笑的，令人发笑的
  [拉] ridiculus
  [德] verlacht, verspottet
  [英] ridiculous, absurd
  53a7

κατάγελως 可笑的事，荒诞
  [拉] derisio, irrisio
  [德] Spott, Hohn
  [英] derision
  45e5

κατάδηλος 很清楚的，很明显的
  [拉] manifestus, perspicuus, evidens
  [德] sehr deutlich, offenkundig
  [英] manifest, visible
  46d3

καταλιμπάνω 放弃，抛下
  [拉] relinquo
  [德] entsagen, aufgeben, verlassen
  [英] abandon
  43d4, 45d1

καταφρονέω 藐视，轻视，小看
  [拉] contemno
  [德] verachten, gering achten
  [英] despise, think slightly of
  49d4

κελεύω 命令，敦促，要求
  [拉] jubeo
  [德] befehlen
  [英] order, request
  51b4, 51b9, 51e4, 52a2

κήδω 忧心，关心，烦恼
  [拉] curam injicio, ango
  [德] besorgt machen, betrüben
  [英] distress, to be concerned, care for
  45b2, 53b6

κινδυνεύω 有可能，似乎是，也许是，冒险
  [拉] videor, periclitor
  [德] scheinen, wagen
  [英] seems likely to be, it may be, possibly, venture
  44a7, 45a2, 53b1

κίνδυνος 危险，风险
  [拉] periculum
  [德] Gefahr
  [英] danger, hazard, venture
  45a2

κοινός 公共的，共同的

[拉]communis, publicus

[德]gemeinsam, gemeinschaftlich

[英]common, public

46d5, 48d8, 49d3, 50a8

κοινωνέω 共同做，共同参与

[拉]in commune venio, commune aliquid habeo cum aliquo

[德]Anteil haben, teilnehmen

[英]do in common with, share

49d6, 49d9

κομίζω 照料，供给，带

[拉]curo, porto, affero

[德]pflegen, bewirten, bringen

[英]take care of, provide for, bring

45b4

κόσμιος 守秩序的，规规矩矩的

[拉]moderatus

[德]ordentlich, gehorsam

[英]orderly, well-behaved

53c4

κρίνω 判决，审判

[拉]judico

[德]aburteilen, verurteilen

[英]adjudge, give judgement

50c2

κύριος 有权力的，决定性的

[拉]auctoritatem habens

[德]gebietend, gewaltig

[英]having power or authority over, decisive

44a4, 50b8

λαμβάνω 获得，拥有，抓住

[拉]accipio

[德]bekommen, empfangen, fassen

[英]take, possess, seize

45a7, 50d2, 51d4, 52b8, 53d6

λανθάνω 不被注意到，没觉察到

[拉]lateo, delitesco

[德]verborgen, unbekannt sein

[英]escape notice, unawares, without being observed

49b1, 51a7

λέγω 说

[拉]dico

[德]sagen

[英]say, speak

45b6, 45b7, 46b7, 46c2, 46c7, 46c8, 46d2, 46d4, 46d7, 46d8, 46d9, 46e2, 47a2, 47a5, 47a13, 48b2, 48c2, 48c7, 48d6, 48e1, 48e2, 49b2, 49c9, 49e2, 49e4, 49e5, 50c7, 50c8, 51c4, 51c7, 52a7, 52d4, 54d1, 54d6, 54d7, 54d8

λείπω 留下，放弃，背离

[拉]relinquo, desero

[德]verlassen

[英]leave, quit

51b8

λευκός 白的，白色的

[拉]candidus

[德]weiß

[英]white

44b1

λίαν 非常，十分

[拉]nimis

[德]gar sehr

[英]very much, overmuch

44b5

λογίζομαι 计算，考虑
　　［拉］computo, reputo
　　［德］rechnen, berechnen, erwägen
　　［英］count, reckon, consider
　　46b6
λόγος 话，说法，言词，理由，道理
　　［拉］verbum, dictum, oratio
　　［德］Wort, Rede
　　［英］words, arguments
　　46b5, 46b6, 46c7, 46d3, 48b3, 48c5,
　　48e3, 52c8, 52d5, 53c6, 53e6, 54d4
λοιπός 剩下的，其余的
　　［拉］reliquus
　　［德］übrig
　　［英］rest
　　53d8
λυπέω 使人痛苦，使人苦恼
　　［拉］dolore adficio, contristo
　　［德］betrüben
　　［英］grieve, vex
　　45c4, 53e2
λύπη 痛苦
　　［拉］dolor
　　［德］Betrübnis, Schmerz
　　［英］pain, grief
　　43b4
λωβάομαι 伤害，损毁
　　［拉］corrumpo, depravo
　　［德］beschädigen, verletzen
　　［英］harm, damage
　　47d4, 47e7
μακάριος 有福的，幸福的，幸运的
　　［拉］beatus, felix
　　［德］glückselig, glücklich
　　［英］blessed, happy
　　44c6, 48e2
μάλιστα 尤其，非常，大约
　　［拉］maxime
　　［德］am meisten, vor allem, besonders, ungefähr
　　［英］most of all, above all, especially, about
　　43a3, 43b8, 49a2, 52a5, 52a7
μάτην 枉然，无谓地
　　［拉］frustra
　　［德］vergeblich
　　［英］in vain
　　54d6
μέγας (comp. μείζων; sup. μέγιστος) 强有力的，大的
　　［拉］validus, magnus
　　［德］gewaltig, groß
　　［英］mighty, great, big
　　44d4, 44d7, 44d8, 45a3, 46b2, 51b1,
　　52b1, 53e2
μέλλω 打算，注定要，必定，应当
　　［拉］futurus sum, debeo, fatali necessiate cogor
　　［德］wollen, gedenken, sollen, bestimmt sein
　　［英］to be about to, to be destined
　　46e3, 50a6
μέλω 关心，操心
　　［拉］curo
　　［德］besorgen
　　［英］care for, take an interest in
　　44c7, 44d2
μέμφομαι 谴责，责怪

[拉] reprehendo

[德] tadeln, vorwerfen

[英] blame, censure

50d4, 50d5

μένω 停留，固定，坚持

[拉] maneo, consisto

[德] bleiben, verweilen, feststehen

[英] stay, remain, wait

48b5, 48b7, 48b9, 48b10

μέρος 部分

[拉] pars

[德] Teil

[英] portion, part

45d2, 50b2, 54c8

μεταδίδωμι 给予，分给一份

[拉] impertior, tribuo

[德] mitteilen, einen Teil von etwas geben

[英] give part of, distribute

51c9

μεταλλάσσω 改变

[拉] muto

[德] verändern

[英] change, alter

53d7

μετοικέω 迁居，移居

[拉] migro

[德] umziehen, übersiedeln

[英] change one's abode, migrate

51d8

μέτριος (adv. μετρίως) 合理的，适中的

[拉] moderatus

[德] angemessen

[英] moderate

46c6

μήτηρ 母亲

[拉] mater

[德] Mutter

[英] mother

50d2, 51a8, 51c2

μικρός 小的

[拉] parvus

[德] klein

[英] small, little

46a2

μοῖρα 应得的份额，定命，命运

[拉] sors

[德] Los, Schicksal

[英] portion in life, lot, destiny

51b1

μόνος 唯一的，仅仅的

[拉] solus, singularis, unus

[德] allein, alleinig, bloß

[英] alone, solitary, only

47b2, 47b4

μορμολύττομαι 吓唬

[拉] consterno

[德] erschrecken, einschüchtern

[英] frighten, scare

46c4

μουσικός 文艺的

[拉] musicus

[德] musisch

[英] musical

50e1

μοχθηρός 邪恶的，糟糕的

[拉] malus, improbus

[德] schlecht, mühevoll

[英] wicked, wretched

47e3

νέος 新奇的，年轻的

[拉] novus, juvenis

[德] neu, jung

[英] new, young

53c2

νόμιμος 法定的，按照惯例的

[拉] legitimus, idoneus

[德] gebräuchlich, gesetzmäßig

[英] conformable to custom, usage, or law

53c8

νόμος 法，习俗

[拉] jus, lex, mos

[德] Gesetz, Gewohnheit, Sitte

[英] law, custom

50a8, 50b1, 50b7, 50c4, 50d4, 51a2, 51a4, 51c4, 51c7, 51d4, 51d6, 52b8, 52c9, 53a4, 53a5, 53b7, 53c1, 53c8, 53e1, 54c1, 54c7

νόος 理智

[拉] mens, intellectus

[德] Verstand, Vernunft

[英] mind, intellect

46d1, 47b2, 48c6

νοσώδης 病态的，有病容的，不健康的

[拉] insalubris

[德] ungesund, krank

[英] sickly, unwholesome

47d8

νύξ 夜晚

[拉] nox

[德] Nacht

[英] night

44a7, 46a6

ξένος (adv. ξένως) 陌生的，不熟悉的，异乡的

[拉] alienus, peregrinus

[德] fremd

[英] unacquainted with, ignorant of

45b3, 45c2, 53d3, 54a4

οἶδα (εἴδω) 知道，理解，看

[拉] novi, scio

[德] sehen, wissen, verstehen

[英] know, see, perceive

44b9, 46c2, 49d2, 52b8, 54c7, 54d2, 54d5

οἴομαι 料想，猜，认为

[拉] puto

[德] vermuten, denken

[英] guess, think, believe

43d8, 44a5, 45b1, 45b2, 46d8, 47d6, 49a2, 49b11, 50e5, 50e7, 53c8, 53d1, 54b1, 54d7

οἴχομαι 走，上路

[拉] abeo, proficiscor

[德] gehen, kommen

[英] go or come

45d1

ὀλίγος 小，少

[拉] paucus, parvus

[德] gering, klein

[英] little, small

44a7, 49a9, 49d2, 52e2

ὅμοιος 一致的，相似的

[拉] par, aequalis, similis

[德] einig, gleich

［英］same, like, resembling

46h8, 48b4

ὁμολογέω 同意，赞同，认可，达成一致

　　［拉］consentio, assentior

　　［德］zugestehen, bestimmen

　　［英］agree with, concede

48b11, 49a7, 49d1, 49e6, 50a2, 50c5, 51e3, 51e6, 52a7, 52c2, 52d4, 52d6, 52e2, 53a6

ὁμολογία 同意，承认，条约

　　［拉］consensio, consensus

　　［德］Übereinstimmung, Zugeständnis

　　［英］agreement, admission, concession

49a8, 52a8, 52d2, 52e1, 52e5, 54c3

ὀνίνημι 帮助，使满意

　　［拉］juvo

　　［德］nützen, helfen

　　［英］profit, benefit, help, gratify

47e7

ὀνομάζω 命名，称呼

　　［拉］nomino, appello

　　［德］nennen

　　［英］name, call or address by name

50a7

ὁράω 看，注意

　　［拉］video, animadverto, intelligo

　　［德］schauen, einsehen, merken

　　［英］see, look, pay heed to

44a6, 44d1, 45a8, 48d6, 49c11, 49d4, 51e2

ὀρθός (adv. ὀρθῶς) 正确的，直的

　　［拉］rectus

　　［德］recht, gerade

　　［英］right, straight

48a8, 49d7, 50c2, 53b8

ὀρθότης 正确，笔直

　　［拉］rectitudo

　　［德］die gerade Stellung, Richtigkeit

　　［英］straightness, rightness, correctness

46b2

ὄρθρος 黎明，破晓，清晨

　　［拉］diluculum

　　［德］Morgendämmerung, früher Morgen

　　［英］daybreak, morning twilight

43a4

ὀρφανία 孤儿身份

　　［拉］orbitas

　　［德］Verwaisung

　　［英］orphanhood

45d4

ὀρφανός 孤儿的，失去父亲的

　　［拉］orbus, orphanus

　　［德］verwaist, vaterlos

　　［英］orphan, fatherless

45d4

ὅσιος 虔敬的

　　［拉］pius

　　［德］fromm, heilig

　　［英］pious, devout, religious

51c2, 54b7

οὐσία 所是，产业

　　［拉］essentia, facultas

　　［德］Wesen, Vermögen

　　［英］substance, essence, stable being, immutable reality, property

44e5, 53b2

ὀφείλω 欠，应该

［拉］debeo, oportet me

［德］schuldig sein, sollen

［英］owe, ought to

44d6

ὄφελος 用处，益处，帮助

　　［拉］utilitas, usus

　　［德］Nutzen, Vorteil

　　［英］advantage, help

46a2, 54a9

παιδεία 教育

　　［拉］eruditio

　　［德］Erziehung

　　［英］education

50d6

παιδεύω 教育

　　［拉］doceo

　　［德］erziehen

　　［英］educate

45d5, 50d7, 50e1, 50e2, 51c9, 54a3, 54a3, 54a6

παιδιά 儿戏，玩笑，消遣

　　［拉］jocus

　　［德］Spiel, Scherz

　　［英］childish play, pastime

46d4

παιδοτρίβης 体育教练

　　［拉］ludimagister

　　［德］Turnlehrer, Trainer

　　［英］gymnastic trainer

47b3

παῖς 孩童，孩子

　　［拉］pueritia

　　［德］Kind

　　［英］child, childhood

45d5, 46c4, 48c3, 49b1, 52c3, 54a2, 54b3

πάλαι 很久以前，过去

　　［拉］olim, pridem

　　［德］vor alters, ehedem, schon lange

　　［英］long ago

43a9, 43a10, 43b4, 49a9, 49e1

πανταχοῦ 一切地方，全然

　　［拉］ubique

　　［德］überall

　　［英］everywhere, altogether, absolutely

51b9

παραβαίνω 违犯，逃避

　　［拉］transgredior

　　［德］übertreten

　　［英］transgress

52e1, 53a8, 53e2, 54c4

παραγγέλλω 下命令，要求，规劝

　　［拉］jubeo, dehortor

　　［德］auffordern, befehlen

　　［英］order, exhort

50d8

παρακάθημαι 坐在……旁边，挨近……坐下

　　［拉］adsideo, juxta adsideo

　　［德］dabeisitzen

　　［英］to be seated beside or near

43b1

παρακρούω 引入歧途，误导，欺骗

　　［拉］erro, decipio

　　［德］berücken, betrügen

　　［英］mislead, deceive

47a1

παραμένω 呆在旁边，留在旁边，坚持

[拉]permaneo, persevero

[德]dabeibleiben, aushalten

[英]stay beside or near, stand by

48d4, 51e1

πάρειμι 在场，在旁边

 [拉]adsum

 [德]anwesend sein

 [英]to be present, to be by or near

43c3, 44d2, 46c2, 46c4, 47a1

παρέχω 提请，提供，让

 [拉]adduco, praebeo

 [德]darbieten, aufbieten, veranlassen

 [英]hand over, yield, allow, grant

44e4, 45c3

παρίστημι 来临，临头，发生

 [拉]accedo

 [德]überfallen

 [英]come into one's head, happen

43b8

πάσχω 遭遇，发生

 [拉]accido

 [德]empfangen, erfahren, erleiden

 [英]suffer, happen to one

44e6, 47c3, 48d5, 49b4, 49c4, 49c11, 49d8, 50e9, 51b4

πατήρ 父亲

 [拉]pater

 [德]Vater

 [英]father

50d3, 50d8, 50e7, 51a8, 51b3, 51c2

πατρίς 祖国，家乡

 [拉]patria

 [德]Vaterland, Vaterstadt

 [英]fatherland, country

51a2, 51a5, 51a9, 51b3, 51c1, 51c3, 54c5

παύω 终止，停止

 [拉]desinere facio, finio

 [德]beenden, aufhören machen

 [英]cease, end

48e2

πείθω 劝，听从

 [拉]persuadeo, obedio

 [德]überreden, gehorchen

 [英]persuade, obey

44b6, 44c3, 46a8, 46d7, 47d9, 48e1, 50a1, 51b3, 51c1, 51e4, 51e5, 51e6, 51e7, 52a2, 53a6, 54b2, 54d1

πειράω 弄清楚，考察，试验，尝试

 [拉]experior, conor, nitor

 [德]erproben, versuchen, unternehmen

 [英]attempt, endeavour, try, make proof

48b12, 48c2, 49a1, 49a3

περιμένω 等待，期待

 [拉]exspecto, maneo

 [德]warten, erwarten

 [英]wait for, await

46a7

περιτίθημι 放在周围，穿上

 [拉]circumpono, sumo

 [德]herumstellen, umtun

 [英]place or put round, put on

53d5

πηνίκα 在什么时候，在什么时辰

 [拉]quando, qua hora

 [德]zu welcher Zeit, wann

 [英]at what precise point of time?

when
43a3

πλημμελής 犯错误的，弹错调子的
[拉] vitiosus, absonus
[德] frevelhaft, fehlerhaft, wider die Melodie
[英] faulty, out of tune
43b10

πλησιάζω 靠近，结交
[拉] accedo, appropinquo
[德] sich nähern
[英] come near, approach, consort
53c5

πλοῖον 船
[拉] navis
[德] Schiff
[英] ship
43c9

ποιέω 做，当作
[拉] facio, efficio
[德] machen, tun, annehmen
[英] make, do
44c3, 44d9, 45d4, 46a8, 46e1, 48d3, 48e4, 49c7, 49c10, 50a1, 50a9, 50e6, 51a6, 51b4, 51d2, 51e4, 51e7, 52a1, 52a3, 52a4, 52b7, 52c3, 52c6, 53c4, 53e5, 54a4, 54b3, 54d1, 54d5, 54d7

ποιητέος 应当做的，必须做的
[拉] faciendus
[德] zu tun
[英] to be made, one must do
48b6, 49e6, 49e8, 51b6, 51b9

πολέμιος 有关战争的，敌对的

[拉] militaris, hostilis, inimicus
[德] den Krieg betreffend, feindlich
[英] of or belonging to war, hostile
53b5

πόλεμος 战争，战斗
[拉] bellum, pugna
[德] Krieg, Kampf
[英] battle, fight, war
51b6, 51b8

πόλις 城邦
[拉] civitas
[德] Staat
[英] city
50a1, 50a8, 50b2, 50b3, 50c1, 50c6, 50d1, 51c1, 51d3, 51e3, 52b2, 52b5, 52b8, 52c1, 52c3, 52c5, 53a1, 53a4, 53a5, 53a7, 53b2, 53b4, 53c3

πολιτεία 政制
[拉] civitatis regimen, jus civitatis
[德] Staatsverfassung
[英] constitution of a state
53b6

πολιτεύω 成为公民，生活在城邦中
[拉] in civitate vivo
[德] Bürger sein
[英] to be a citizen
52c2, 52d3, 52d5

πολίτης 公民，同邦人，同胞
[拉] civis
[德] Bürger
[英] citizen
51d1

πολλάκις 经常，多次
[拉] saepe

[德] oft

[英] many times, often

43a7, 43b6, 48e2, 49a6

πολλαχοῦ 在许多地方

[拉] in multis locis

[德] an vielen Orten

[英] in many places

45b8

πολύς (comp. πλείων, sup. πλεῖστος) 多，许多

[拉] multus

[德] viel

[英] many, much

43b7, 44c3, 44c4, 44c7, 44d2, 44d3, 44d6, 45a5, 45a6, 45a9, 45b5, 46b1, 46c4, 46e1, 47b7, 47c2, 47c11, 48a6, 48a8, 48a11, 48b5, 48c6, 48e4, 49b3, 49b10, 49c5, 51a2, 51c2, 53c7, 53d3, 53e3, 54b3, 54d7

πονηρός 邪恶的

[拉] malus, improbus

[德] schlecht, böse

[英] evil, wicked, malicious

47a7, 47a10

ποτέος 必须喝的

[拉] bibendus

[德] man muß trinken

[英] to be drunk

47b10

πρᾶγμα 事情，重大的事情，麻烦事

[拉] res

[德] Sache

[英] thing

44e4, 45c6, 45e2, 51d3, 53d1

πρακτέος 必须做的

[拉] agendus, faciendus

[德] was man tun soll

[英] to be done

46b3, 47b9

πρᾶξις 行事，行为，实践，情况，事情的结局

[拉] actio, successus rerum

[德] Handlung, Lage, Ende der Geschichte

[英] doing, action, practice, result

45e6

πρᾶος (adv. πράως) 温和的，心平气和的

[拉] placidus

[德] zahm, sanft

[英] mild, soft, gentle

43b9, 49b4

πράσσω (πράττω) 做

[拉] ago

[德] tun, handeln, machen

[英] do, act

44c8, 44c9, 45d2, 45e3, 46a6, 47b1, 48c8, 51a6, 52c9, 52d1, 54b6, 54e1

πρεσβεύω 敬重

[拉] veneror

[德] schätzen, achten

[英] respect

46c1

προαγορεύω 预先告知

[拉] praedico

[德] verkünden

[英] tell beforehand

51d1

προαιρέω 有意选择，首先选择

[拉] praefero
[德] vorziehen, sich auswählen
[英] prefer, choose
52e5

πρόγονος 祖先
[拉] progenitor
[德] Vorfahr
[英] forefather, ancestor
50e4, 51a8

προδίδωμι 放弃
[拉] prodo
[德] preisgeben
[英] give up
45c6, 45c10

προθυμέομαι 一心要做，极其想做，热衷于
[拉] studeo
[德] bereit, geneigt sein, erstreben
[英] to be ready, willing, eager to do
44c5

προθυμία 热心，好意，善意
[拉] studium
[德] Eifer, Bereitwilligkeit
[英] eagerness, goodwill
46b1

προμηθέομαι 预先担心，预先着想
[拉] provideo, de re aliqua sollicitus sum
[德] voraus denken, Fürsorge hegen
[英] use forethought, take care
44e2, 45a4

προσέρχομαι 来，去，结交，拜访
[拉] adeo, incido
[德] hinzugehen, sich anschließen
[英] come or go to, visit
44a10

προσέχω 带给，献上
[拉] applico
[德] herführen
[英] apply, bring
47b2

προστάσσω 命令，下令
[拉] jubeo
[德] befehlen
[英] command, order
50b8, 50d7, 51b4

πρότερος 更早的，在先的
[拉] prior
[德] früher, vorhergehend
[英] before, former, earlier
43b7, 44a7, 48b4

προτίθημι 提出
[拉] propono, objicio
[德] vorsetzen, voranstellen
[英] set before, set out, propose
52a1

πρωί 在早上，早
[拉] mane
[德] frühmorgens, früh
[英] early in the day, early
43a1, 43c4

ῥᾴδιος (adv. ῥᾳδίως) 容易的，漫不经心的
[拉] facilis, expeditus
[德] leicht, mühelos
[英] easy, ready
43b8, 48c4

ῥᾴθυμος 漫不经心的，漠不关心的

[拉]desidiosus, segnis

[德]bequem, sorglos

[英]light-hearted, careless

45d6

ῥήτωρ 演说家

[拉]orator

[德]Redner

[英]public speaker, orator

50b7

σαφής (adv. σαφῶς) 清楚的，明白的

[拉]manifestus, clarus, planus

[德]deutlich, klar, sichtbar

[英]clear, plain, distinct

44b9

σέβομαι 敬畏

[拉]veneror, colo

[德]sich scheuen, ehren

[英]revere, awe

51b2

σεμνός 庄严的，神圣的

[拉]vererandus, sacer

[德]erhaben, heilig

[英]august, holy

51a9

σιγή 安静，沉默

[拉]silentium, taciturnitas

[德]Stille

[英]silence

43b1

σκέμμα 思考的问题，思考的事情

[拉]consideratio, speculatio

[德]Betrachtung, Überlegung

[英]subject for speculation or reflection, problem, scheme

48c4

σκεπτέον 必须考虑

[拉]considerandum est

[德]man muss betachten, überlegen

[英]one must reflect or consider

48b11, 48c7

σκευή 行头，服装

[拉]apparatus, vestitus

[德]Zeug, Bekleidung

[英]attire, apparel

53d5

σκέψις 考虑，思索，观察

[拉]consideratio, speculatio

[德]Überlegung, Prüfung

[英]consideration, speculation

48c2, 48e5

σκοπέω 考虑，注视，查明

[拉]speculor, considero

[德]überlegen, prüfen, sich umshen

[英]behold, contemplate

46b3, 46c6, 47a2, 48b5, 48d8, 49d5, 50a6, 51c6, 53a8

σμικρός 小的

[拉]parvus, paucus

[德]klein, gering, wenig

[英]small, little

44d3, 53d8

σοφός 智慧的

[拉]sapiens

[德]weise, klug

[英]wise

51a7

σπεύδω 急于，加紧

[拉]propero, festino

[德] eilen, eifrig sein
[英] hasten
45c6, 45c7, 45c8

σπουδή 急忙，热切
[拉] festinatio, studium
[德] Eile, Eifer
[英] haste, zeal
49a10

στερέω 剥夺，夺走
[拉] orbo
[德] berauben
[英] deprive, bereave, rob
44b7, 53b2

στρατεύω 从军，当兵打仗
[拉] milito
[德] zu Feld ziehen, Kriegsdienste tun
[英] serve in the army
52b6

συγχωρέω 让步，同意
[拉] concedo, indulgeo
[德] nachgeben, zulassen
[英] concede, give up
46c3

συκοφάντης 告密者
[拉] sycophanta
[德] Angeber
[英] informer
44e3, 45a8

σύμπας 全部，总共，整个
[拉] omnis, totus, cunctus
[德] all, insgesamt
[英] all together, the whole, sum
47b11, 47d3, 50b2

συμφορά 厄运，不幸
[拉] calamitas, infortunium
[德] Unglück, Unfall
[英] mishap, misfortune
43b8, 43c2, 44b7, 47a1

συνδιαταλαιπωρέω 共患难，一道忍受艰苦
[拉] una miserias tolero
[德] sich treu mit durchkämpfen
[英] endure hardship with or together
45d5

συνδοκέω 也同意，一同认为好
[拉] consentio
[德] es scheint mir auch, beipflichten
[英] seem good also, also agree
49d6, 49e4

σύνειμι 在一起，共处，结交
[拉] una sum, consuetudinem habeo
[德] mit leben
[英] to be with, live with
54a6

συνήθης 熟识的，同住的
[拉] familiaris
[德] gut bekannt, zusammengewöhnt
[英] well-acquainted, dwelling or living together
43a7

συνθήκη 协议，条约
[拉] pactum
[德] Vertrag
[英] convention, compact
52d2, 52d8, 54c3

συντίθημι 编造，同意
[拉] compono, convenio
[德] aussinnen, entwerfen, verfassen,

beistimmen

[英] compose, frame, agree

52d3

συχνός 多，许多

[拉] multus

[德] viel

[英] many

44e5

σφόδρα 极其，非常

[拉] admodum

[德] sehr, gewaltig

[英] very much, exceedingly

52c1, 53c1

σχεδόν 几乎，将近，大致

[拉] paene, prope

[德] nahe, fast, ungefähr

[英] near, approximately, more or less

44d4, 46b8, 53b3

σχῆμα 形状，形态

[拉] figura, forma

[德] Gestalt, Form

[英] form, shape, figure

53d7

σῴζω 保全，拯救

[拉] conservo

[德] retten, schützen, behalten

[英] save, keep

44b6, 44c1, 45a2, 45a7, 45b7, 45c6, 46a1

σῶμα 身体

[拉] corpus

[德] Leib, Körper

[英] body, corpse

47c7, 47e1, 47e4, 47e8

τάξις 位置，岗位，布置，安排

[拉] ordo, officium

[德] Ordnung, Platz

[英] arrangement, post

51b8

τάσσω (τάττω) 安排，布置

[拉] ordino, statuo

[德] ordnen, stellen

[英] array, post, station

50d8

τείνω 对准，针对，涉及，关系到

[拉] tendo, referor

[德] zielen, richten

[英] tend, refer, concern

47c5

τεκμαίρομαι 推断，推测，断定

[拉] argumentor, conjecto

[德] festsetzen, vermuten

[英] judge, conjecture

44a1, 44a6

τεκμήριον 证明

[拉] argumentum

[德] Beweis

[英] proof

52b1

τελευταῖος 最后的

[拉] finalis, extremus

[德] schließlich

[英] last

45e5

τελευτάω 死亡，完成，结束

[拉] morior, occumbo, finio

[德] sterben, vollenden, zu Ende bringen

[英] die, finish, accomplish
43b11, 43d6

τελέω 花费，用钱，完成，实现
    [拉] expendo, finio
    [德] zahlen, verwirklichen
    [英] lay out, spend, pay, fulfil, accomplish
48c8

τηλικοῦτος (τηλικόσδε) 如此年纪的
    [拉] tantus, tantae aetatis
    [德] in solchem Alter
    [英] of such an age
43b11, 43c1, 49a10

τήμερον 今天
    [拉] hodie
    [德] heute
    [英] today
43d5, 43d8

τηνικάδε 在这时，如此早
    [拉] tunc, hac hora
    [德] um diese Zeit
    [英] at this time, so early
43a1

τιμάω 尊重，敬重，看重；提出应受的惩罚
    [拉] honoro, decoro, dignum judico
    [德] ehren, achten, schätzen, auf eine Strafe antragen
    [英] worship, esteem, honour, estimate the amount of punishment
46c1, 47a3, 47a7, 47c2, 52c4

τίμιος 贵重的，受尊敬的
    [拉] pretiosus
    [德] geehrt, kostbar
    [英] valuable, held in honour, worthy
48a3, 51a9

τιτρώσκω 受伤，伤害
    [拉] vulnero, laedo
    [德] verwunden
    [英] wound, damage, injure
51b6

τολμάω 敢，敢于，大胆
    [拉] audeo
    [德] wagen
    [英] dare
53e1

τόπος 地方，地区
    [拉] locus
    [德] Ort, Platz
    [英] place, region
53d2

τρέφω 长大，抚养
    [拉] nutrio, educo
    [德] erziehen, nähren
    [英] bring up, rear
45d5, 54a3, 54a5, 54a6

τρόπος 方式
    [拉] modus
    [德] Weise
    [英] way, manner
43b7, 46a8, 49a4, 49a5, 49b6, 51e2

τροφεύς 抚养者，养育者
    [拉] nutrix
    [德] Ernährer, Erzieher
    [英] rearer, breeder
51e6, 54b2

τροφή 食物，抚养
    [拉] esca, alimentum
    [德] Nahrung, Erziehung

[英] nourishment, food, nurture, rearing
48c3, 50d6

τυγχάνω 恰好，碰巧
 [拉] invenio, incido
 [德] sich treffen, sich zufällig ereignen
 [英] happen to be
 44d10, 45d2, 45d3, 47b3, 49b5,
 50e8, 52a8

τύπτω 打，击，敲
 [拉] verbero
 [德] schlagen
 [英] beat, strike, smite
 51a1, 51b5

τυφλός 盲的，瞎的
 [拉] caecus
 [德] blind
 [英] blind
 53a2

τύχη 命运
 [拉] fortuna
 [德] Geschick
 [英] fate
 43c3, 43d7, 46b8

ὑγιεινός 健康的
 [拉] saluber
 [德] gesund
 [英] healthy, sound
 47d7

υἱός 儿子
 [拉] filius
 [德] Sohn
 [英] son
 45c10

ὑπακούω 听，倾听，应声，听从

 [拉] ausculto, admitto, obedio
 [德] anhören, aufmachen
 [英] hearken, answer, obey
 43a6

ὑπάρχω 开始，属于
 [拉] initium do, adsum
 [德] anfangen, beginnen, zuteil werden
 [英] begin, belong to
 45b1

ὑπείκω 屈服，退却
 [拉] cedo, concedo
 [德] nachgeben
 [英] retire, yield
 51b2, 51b7

ὑπέρχομαι 讨好，乞怜
 [拉] submitto
 [德] kriechen
 [英] fawn, ingratiate
 53e4

ὑποβλέπω 斜着眼睛看，藐视，怒视，用怀疑的眼光看
 [拉] dejectis oculis adspicio
 [德] scheel ansehen
 [英] look askance at
 53b7

ὑποδέχομαι 接纳，欢迎
 [拉] recipio
 [德] aufnehmen, freundlich empfangen
 [英] receive, welcome
 54c7

ὑπολογίζομαι 计算，考虑
 [拉] reputo
 [德] in Rechnung bringen, berücksichtigen

［英］take into account, take account of
48d4

ὑστεραῖος 在第二天的，在下一天的
　　［拉］sequens
　　［德］darauffolgend
　　［英］following, next
44a2

ὑφηγέομαι 引导，指引
　　［拉］duco
　　［德］leiten
　　［英］guide, lead
54e2

φαίνω 显示，显得，表明，看起来
　　［拉］in lucem protraho, ostendo, appareo
　　［德］ans Licht bringen, scheinen
　　［英］bring to light, appear
43c6, 46b6, 46b8, 46d6, 48c1, 48d3, 49bc1, 52e4, 53d1, 54b6

φάσκω 说，声称
　　［拉］ajo, affirmo
　　［德］sagen, behaupten
　　［英］say, assert
45d7, 52d4, 54b1

φαῦλος 容易的，微小的
　　［拉］pravus, levis
　　［德］gering, leicht
　　［英］easy, slight
47e7, 52d1

φέρω 携带，带到，引向，搬运，忍受
　　［拉］fero, traho, perfero
　　［德］tragen, bringen, dulden, ertragen
　　［英］carry, lead, endure, bear
43b9, 43c5, 43c8, 47a13, 47d7, 50c9

φεύγω 逃，避开
　　［拉］fugio, evado
　　［德］fliehen, vermeiden
　　［英］flee, avoid, escape
53b2, 53c3

φημί 说
　　［拉］dico
　　［德］sagen
　　［英］say, speak
44a4, 47a4, 48a10, 48b1, 49a4, 49b3, 49b6, 49b7, 49c5, 50d5, 50e1, 51a6, 51c3, 51c6, 51e3, 51e5, 52a3, 52a8, 52c7, 52d6, 52d8, 52e6

φίλος 亲爱的，令人喜爱的
　　［拉］carus, amicus
　　［德］lieb, geliebt
　　［英］beloved, dear
43d7, 44c3, 54c5, 54d2

φλυαρία 蠢话，胡说
　　［拉］nuga, garrulitas
　　［德］Geschwätz, Torheit
　　［英］talk nonsense, play the fool
46d4

φοβέω 担心，害怕
　　［拉］vereor
　　［德］fürchten, sich scheuen
　　［英］fear, be afraid of
45a1, 45a6, 45b6, 47b5, 47d1, 47d2

φοιτάω 常去某处，走来走去
　　［拉］ito, frequento
　　［德］wiederholt gehen
　　［英］go to and fro
43a8

φράζω 说明，解释

术语索引 | 97

[拉] expono, explano, interpretor

[德] anzeigen, erklären

[英] point out, show, explain

50d3

φρόνιμος 明智的，审慎的

[拉] prudens

[德] besonnen

[英] prudent

44d9, 47a10

φροντίζω 考虑，操心，在意，放在心上

[拉] curo, cogito

[德] nachdenken, sorgen für

[英] consider, ponder

44c8, 48a9

φροντιστέον 必须考虑，必须注意

[拉] curandum est

[德] man muß nachdenken

[英] one must take heed

48a5

φυγή 出逃，放逐

[拉] fuga, exsilium

[德] Flucht, Verbannung

[英] flight, exile

52c4, 52c8

φύλαξ 看守者，哨兵

[拉] custos

[德] Schließer

[英] watcher, guard

43a6

φυτεύω 引起，造成

[拉] facio, molior, struo

[德] erzeugen, hervorbringen

[英] produce, bring about, cause

50d3

φύω 生，生长，产生

[拉] nascor

[德] erzeugen, wachsen, schaffen

[英] beget, bring forth, produce

51c1

χαίρω 高兴，满意，喜欢

[拉] gaudeo, laetor, delector

[德] sich freuen

[英] rejoice, be glad

45a1, 46d7

χαλεπαίνω 动怒

[拉] irrito, irascor

[德] wüten, zürnen

[英] to be angry with

51b3, 54c6

χαλεπός 困难的，艰难的，难对付的，痛苦的

[拉] difficilis, molestus

[德] schwer, schlimm

[英] difficult, painful, grievous

43c5, 43c7, 46b3, 49b4

χάρις 满意

[拉] gratia

[德] Dank, Wohlwollen

[英] thankfulness, gratitude, gratification, delight

48d1

χράω 利用，使用，运用

[拉] utor

[德] benutzen, gebrauchen

[英] use, make use of

45b8, 50c8

χρή 必须……，应该……

　　　　[拉] opus est, oportet, licet
　　　　[德] es ist nötig, man muß
　　　　[英] it is necessary, one must or ought to do
　　　　45d4, 46b3, 47a3, 47b5, 48e3, 54b1
χρῆμα 钱财，财物，必需之物
　　　　[拉] divitia, pecunia
　　　　[德] Reichtum, Geld
　　　　[英] money, treasures
　　　　44c1, 44c3, 44e6, 45b1, 46c5, 48c3, 48c8
χρηστός 有益的，有利的，好的
　　　　[拉] utilis, bonus
　　　　[德] nützlich, gut
　　　　[英] useful, good
　　　　47a7, 47a10
χρόνος 时间
　　　　[拉] tempus
　　　　[德] Zeit
　　　　[英] time
　　　　49a7, 52e2, 53d8

χωλός 跛足的
　　　　[拉] claudus
　　　　[德] lahm
　　　　[英] lame
　　　　53a2
χωρίς 除了……
　　　　[拉] praeter
　　　　[德] abgesehen
　　　　[英] apart from
　　　　44b7
ψόγος 指责，责备
　　　　[拉] vituperatio
　　　　[德] Tadel
　　　　[英] blame, censure
　　　　47b2, 47b5
ὥρα 时候
　　　　[拉] hora
　　　　[德] Zeit
　　　　[英] any time or period
　　　　46a5

专名索引

神话与传说

Ἅδης 哈德斯，54a8, 54b4, 54c7
Ζεύς 宙斯，43b3, 50c3

人名

Κέβης 刻贝斯，45b5
Κρίτων 克里同，43a1, 43b10, 43d7, 44b4, 44c6, 44d6, 45a4, 46b1, 46d5, 46e2, 47c8, 48c4, 49a9, 49c2, 49d1, 50b5, 51c4, 52d6, 53d3, 54b2, 54d1, 54d2, 54e1
Σιμμίας 西米阿斯，45b4
Σωκράτης 苏格拉底，43a7, 43b3, 43c1, 43c5, 43d6, 44b1, 44b3, 44b5, 44d1, 44e1, 45c5, 46a3, 46a8, 47d6, 48b1, 48d6, 49c3, 50a4, 50a9, 50c3, 50c4, 50c7, 51c6, 52a3, 52b1, 52d7, 53a6, 53b5, 53c6, 53d1, 53e3, 54d8

地名

Δῆλος 德罗斯，43c9
Θετταλία (Θεσσαλία) 忒塔利亚，45c2, 45c4, 53d2, 53e5, 53e6, 54a3, 54a8
Θῆβαι 忒拜，53b4
Ἰσθμός 伊斯特摩斯，52b5
Κρήτη 克里特（岛），52e6
Λακεδαίμων 拉栖岱蒙，52e5
Μέγαρα 墨伽拉，53b4
Σούνιον 苏尼翁，43d3
Φθία 佛提亚，44b2

其他

Ἀθηναῖος 雅典人，48c1, 48e3, 51d2, 52a5, 52a7, 52b3, 53a3
Ἑλληνίς 希腊女人，53a1
Θηβαῖος 忒拜人，45b4
Κορυβαντιάω 举行科儒巴斯祭仪，54d3

参考文献

（仅限于文本、翻译与评注）

1. *Platon: Platonis Philosophi Quae Extant, Graece ad Editionem Henrici Stephani Accurate Expressa, cum Marsilii Ficini Interpreatione, 12Voll*. Biponti (1781–1787).
2. Ch. S. Stanford, *Plato's Apology of Socrates, Crito and Phaedo, with the Latin Version of Ficinus, and Notes*. Dublin (1834).
3. R. B. Hirschigius, *Platonis Opera, ex recensione R. B. Hirschigii, Graece et Laine, Volumen Primum*. Parisiis, Editore Ambrosio Firmin Didot (1865).
4. W. S. Tyler, *Plato's Apology and Crito*. New York (1866).
5. M. Wohlrab, *Platonis Apologia et Crito, recensuit prolegomenis et commentariis*. Lipsiae (1875).
6. W. Wagner, *Plato's Apology of Socrates and Crito, with Notes Critical and Exegetical Introductory Notices and a Logical Analysis of the Apology*. Cambridge (1876).
7. L. Dyer, *Plato: Apology of Socrates and Crito*. Boston (1886).
8. W. S. Tyler, H. M. Tyler, *Apology and Crito, with Notes*. New York (1887).
9. St. G. Stock, *The Crito of Plato, with Introduction and Notes*. Oxford (1891).
10. B. Jowett, *The Dialogues of Plato, in Five Volumes, Third Edition*. Oxford (1892).
11. J. Adam, *Platonis Crito, with Introduction Notes and Appendix*. Cambridge (1893).
12. C. L. Kitchel, *Plato's Apology of Socrates and Crito, and a Part of the Phaedo, with Introductory, Commentary, and Critical Appendix*. American Book Company (1898).
13. J. Burnet, *Platonis Opera, Tomus I*. Oxford (1900).
14. St. G. Stock, *The Euthyphro and Crito of Plato*. Oxford (1909).
15. H. N. Fowler, *Plato: Euthyphro, Apology, Crito, Phaedo, Phaedrus*. Loeb Classical

Library, Harvard University Press (1914).
16. G. Budé / M. Croiset, *Platon: Oeuvres complètes, Tome I.* Texte établi et traduit par M. Croiset. Paris (1920).
17. O. Apelt, *Platon: Sämtliche Dialoge, 7 Bände.* Leipzig (1922–1923).
18. F. J. Church, *Plato: Euthyphro, Apology, Crito.* London (1923).
19. J. Burnet, *Plato's Euthyphro, Apology of Socrates and Crito.* Edited with notes by John Burnet. Oxford (1924).
20. Hamilton and Huntington Cairns, *The Collected Dialogues of Plato.* Princeton (1961).
21. Th. G. West, G. S. West, *Plato and Aristophanes: Four Texts on Socrates.* Cornell University Press (1984).
22. R. E. Allen, *The Dialogues of Plato, Volume I, Euthyphro, Apology, Crito, Meno, Gorgias, Menexenus.* Yale University (1984).
23. E. A. Duke, W. F. Hicken, W. S. M. Nicoll, D. B. Robinson et J. C. G. Strachan, *Platonis Opera, Tomus I.* Oxford (1995).
24. J. M. Cooper, *Plato Complete Works, Edited, with Introduction and Notes.* Indianapolis / Cambridge (1997).
25. Ch. Emlyn-Jones, *Plato: Crito, with Introduction, Commentary and Vocabulary.* Bristol Classical Press (1999).
26. G. M. A. Grube, *Plato: Five Dialogues, Euthyphro, Apology, Crito, Meno, Pahedo, Second Edition.* Indianapolis / Cambridge (2002).
27. C. D. C. Reeve, *The Trials of Socrates, Six Classic Texts.* Indianapolis / Cambridge (2002).
28. G. S. Bowe and K. D. Otto, *An Annotated Plato Reader.* New York (2010).
29. C. D. C. Reeve, *A Plato Reader, Eight Essential Dialogues.* Indianapolis / Cambridge (2012).
30. Gunther Eigler, *Platon: Werke in acht Bänden, Griechisch und deutsch, Der griechische Text stammt aus der Sammlung Budé, Übersetzungen von Friedrich Schleiermacher und Hieronymus Müller.* Darmstadt: Wissenschaftliche Buchgesellschaft (7. Auflage 2016).
31. W. Bernard, *Platon: Kriton, Übersetzung und Kommentar.* Vandenhoeck & Ruprecht, Göttingen (2016).
32. Ch. Emlyn-Jones, W. Preddy, *Euthyphro, Apology, Crito, Phaedo.* Loeb Classical Library, Harvard University Press (2017).

33. 柏拉图,《游叙弗伦 苏格拉底的申辩 克力同》,严群 译,北京:商务印书馆,1983 年。
34. 柏拉图,《柏拉图对话集》,王太庆 译,北京:商务印书馆,2004 年。
35. 柏拉图,《柏拉图对话录》,水建馥 译,北京:商务印书馆,2013 年。
36. 程志敏 郑兴凤,《克里同章句》,北京:华夏出版社,2017 年。

图书在版编目(CIP)数据

克里同:希腊文、汉文对照/(古希腊)柏拉图著;溥林译.—北京:商务印书馆,2021(2023.12重印)
(柏拉图全集)
ISBN 978-7-100-19301-6

Ⅰ.①克… Ⅱ.①柏…②溥… Ⅲ.①古希腊罗马哲学—希、汉 Ⅳ.①B502.232

中国版本图书馆CIP数据核字(2020)第270597号

权利保留,侵权必究。

希汉对照
柏拉图全集
I.3

克 里 同

溥林 译

商 务 印 书 馆 出 版
(北京王府井大街36号 邮政编码100710)
商 务 印 书 馆 发 行
北京通州皇家印刷厂印刷
ISBN 978-7-100-19301-6

2021年8月第1版　　开本710×1000 1/16
2023年12月北京第2次印刷　印张7
定价58.00元